HUMOR COMMUNICATION SKILLS

摆脱平淡乏味的交谈 ● 领悟语言艺术的奥秘 ● 修炼强大的魅力气场

幽默沟通学

零距离制胜的口才秘籍

把僵硬的言说变得婉转，把黑白的语言变成彩色。

陈浩◎著

中国华侨出版社

图书在版编目（CIP）数据

幽默沟通学：零距离制胜的口才秘籍／陈浩著. — 北京：中国华侨出版社，2013.1
ISBN 978-7-5113-3181-6

I. ①幽… II. ①陈… III. ①人际关系-通俗读物 IV. ①C912.1-49

中国版本图书馆CIP数据核字（2012）第320274号

●幽默沟通学：零距离制胜的口才秘籍

著　　者／陈　浩
责任编辑／棠　静
责任校对／孙　丽
经　　销／新华书店
开　　本／787×1092毫米　　1/16　　印张／15　　字数／250千
印　　刷／大厂回族自治县彩虹印刷有限公司
版　　次／2013年3月第1版　　2018年9月第13次印刷
书　　号／ISBN 978-7-5113-3181-6
定　　价／32.00元

中国华侨出版社　北京市朝阳区静安里26号通成达大厦3层　邮编：100028
法律顾问：陈鹰律师事务所
编辑部：（010）64443056　　传真：（010）64439708
发行部：（010）64443051
网　　址：www.oveaschin.com
E-mail：oveaschin@sina.com

前言 Preface

幽默是一种语言技巧，是一门生动有趣而且实用的口才艺术，更是一种为人处世的生活哲学。一个风趣、幽默、口才出众的人，不管是人际沟通、商业谈判、职场演说还是谈情说爱，都会让人刮目相看；不管在什么场合，都能成为人们所关注的焦点。因此，掌握幽默沟通技巧，对于我们的生活、工作都有很大的益处。

那么"幽默"到底是什么呢？"幽默"由英文"Humour"一词音译而来。最初将幽默引入中国的便是林语堂，林语堂先生解释说："凡善于幽默的人，其谐趣必愈幽隐；而善于鉴赏幽默的人，其欣赏尤在于内心静默的理会，大有不可与外人道之滋味。与粗鄙的笑话不同，幽默愈幽愈默而愈妙。"可以说，幽默是人类智慧的产物，是一种高品位的情感活动和审美活动，任何平淡庸劣的价值取向和因循固陋的思维方式都不能称之为幽默。

俄国文学家契诃夫说："不懂得开玩笑的人是没有希望的人！这样的人即使额高七寸、聪明绝顶，也算不上真正有智慧的人。"美国哲学家帕克说："幽默的目的是审美。"我们可以这样理解，幽默是对智慧、聪明和博学的综合运用，使人发笑、惊异或啼笑皆非，使人开心、欢乐。而且，通过表面上的滑稽和形式上的玩笑，向人们传

达实质上的庄重和内容上的严肃。

　　掌握了幽默沟通的学问，即拥有了通向魅力气场的口才秘籍。幽默口才的闪光之处，几乎体现在生活的各个方面：在人际交往中挥洒幽默口才，可以驱散困苦的愁云，让你的周遭充满愉悦与欢笑；在谈判和演讲中带着幽默口才上阵，可以让你的每句话都扣人心弦，轻而易举地"俘获"观众，让自己游刃有余；在职场中巧用幽默口才，可以成功推销自我，赢得老板赏识，助跑升职之路；在爱情和婚姻中加入幽默口才，可以增加爱情的趣味，带来浪漫满怀，拥有幸福和美满！

　　很多人以为，幽默沟通的本领是与生俱来的。只有天生有幽默感的人，才可以妙语连珠，逗得别人捧腹大笑；而那些没有幽默感的人，只能一辈子低头做个"闷葫芦"。这种观点自然是错误的，作为一种艺术形式，幽默是可以后天培养的。掌握了一些基本的幽默技巧，我们在跟人交往时就能够更如鱼得水，自己也会因此而变得善解人意、灵活机智，我们的人生也会拥有更多乐趣和成功。

　　本书从实用的角度出发，集知识性和趣味性为一体，精心挑选了上百个幽默故事，以事例说理，条分缕析，以理动人，探讨了应用幽默的基本方法和技巧，讲述了幽默口才的作用和效果，旨在帮助读者打开一扇了解幽默、认识幽默、运用幽默的大门。

目录 Contents

HUMOR COMMUNICATION SKILLS

第一章 幽默的艺术，决胜必杀技

▶ 第一节 玩转幽默，从此不再尴尬 // 002

幽默之美，穆穆皇皇 // 002

尴尬瞬间，巧用幽默来解围 // 004

幽默以对，啥场合都不犯愁 // 006

委婉的幽默，成就八面玲珑的你 // 008

无厘头式幽默，荒诞而深刻 // 011

幽默感是现代人必备的品质 // 013

▶ 第二节 把握幽默的尺度，别让人会错意 // 015

远离庸俗，幽默是高雅的艺术 // 015

赞美式幽默，不能失了分寸 // 017

态度友善，幽默不过头 // 019

幽默的智慧，识别场合和对象 // 021

适度幽默，把握幽默的范围 // 022

笑语自会逼人来，幽默急不得 // 024

▶ 第三节 修炼12招，变身幽默达人 // 027

妙用夸张，幽默是无限制的 // 027

幽默类比，"比"出来的幽默感 // 029

设置悬念，幽默地"设包袱" // 031

曲解经典，刻意歪曲显幽默 // 034

断章取义，自圆其说的幽默 // 036

欲擒故纵，幽默地让他听话 // 038

以谬还谬，让人无语的幽默 // 039

偷换概念，偷梁换柱式的幽默 // 041

指桑骂槐，拐弯教育"槐树" // 042

一语双关，话中有话的幽默 // 044

大词小用，幽默地活跃气氛 // 045

自相矛盾，戏剧化的幽默术 // 046

第二章 决战社交，幽默是最佳武器

▶ 第一节 超强个人魅力，幽默感不能缺席 // 050

幽默助你成为社交达人 // 050

懂幽默才有亲和力 // 052

让幽默表现出你的风度 // 054

幽默高手都是有修养的人 // 055

借幽默打造领导力 // 057

幽默最能提升魅力指数 // 060

▶ 第二节 化窘解难，做一个幽默的精灵 // 062

出糗不可怕，只要大家开心就好 // 062

舌灿莲花，有了过失巧辩解 // 064

目录 Contents

巧言妙语解危机 // 066
让我们一起"荒谬"到底 // 069
难得糊涂,糊涂也幽默 // 072
谈判也幽默,气焰高不一定能赢 // 073
幽默反击,以彼之道还施彼身 // 075

▶ 第三节 当众说话没问题,幽默为你来解忧 // 078
凤头,给演讲一个幽默的开场白 // 078
听众不爱,再幽默也是白搭 // 080
穿插妙语,拨动听众的心弦 // 084
跟听众套近乎,要懂幽默的技术 // 086
遭遇临场意外,幽默来解忧 // 088
豹尾,让演讲在笑声中结束 // 091

第三章 幽默给点力,职场才能有活力

▶ 第一节 跟同事幽默,修炼办公室达人 // 096
展现幽默力,建立良好的工作关系 // 096
个性化幽默,带来职场的双赢 // 098
意见可以提,但要幽默一点 // 102
同事有难,巧用幽默来解围 // 103
交谈小幽默,为办公室增添情趣 // 105
男女同事话幽默,过犹不及 // 108
美国式幽默,跟同事分享欢乐 // 110

▶ 第二节 跟上司幽默,赢得他的赏识 // 114
缺少幽默,很难获得上司的赏识 // 114
自我推销,离不开幽默力 // 116
给上司提建议,幽默的方式更可取 // 118

上司出现失误，借幽默来暗示 // 120

拒绝上司，语言要够幽默 // 122

晋升的秘诀，俏皮话知多少 // 124

▶ **第三节 跟下属幽默，做有亲和力的领导 // 127**

幽默交流，工作才能有动力 // 127

想赢得人心，用好幽默这块磁石 // 129

幽默说服下属，为管理加分 // 131

批评有窍门，对犯错的员工幽默点 // 132

幽默管理，跟下属打成一片 // 134

学会幽默，离事业成功就不远了 // 136

▶ **第四节 跟客户幽默，缓和一下紧张的气氛 // 139**

跟客户合作，秀出你的幽默感 // 139

跨越严肃之门，幽默促推销 // 140

随机小幽默，助你讨客户欢心 // 142

巧卖关子，唤起客户的好奇心 // 144

幽默谈判，太紧张了不好沟通 // 147

决战商场，幽默要用心 // 149

第四章 想要浪漫起来，那就给爱情加点幽默

▶ **第一节 粉红色的幽默，给求爱留条后路 // 152**

幽默搭讪，接近意中人 // 152

说好第一句话，获取一颗芳心 // 154

幽默表白，恋爱必杀技 // 157

幽默是爱情的催化剂 // 159

婉言回绝，给对方留足情面 // 160

拒绝有分寸，一笑成朋友 // 162

▶ 第二节 极致幽默情人，恋爱不再平淡无味 // 165

缺少幽默，爱情太平淡 // 165

幽默口才，做最合格的情人 // 168

书信也幽默，鸿雁传情意 // 170

幽默情话，帮助爱情保鲜 // 172

暗示的幽默，情人间的亲密接触 // 173

幽默双人舞，将爱情进行到底 // 175

▶ 第三节 当爱情失控，用幽默来平衡 // 178

用幽默来弥补你的错误 // 178

幽默谈吐，守护爱情之花 // 180

幽他一默，"被分手"不失态 // 182

走出失恋，幽默心态很重要 // 184

用幽默讽刺错误的恋爱观 // 186

第五章 开门八件事，少了幽默不成"家"

▶ 第一节 老婆不发火，婚姻生活很轻松 // 190

几许幽默，夫妻关系不紧张 // 190

"妻管严"的快乐，大丈夫能屈能伸 // 193

幽默是醋意的中和剂 // 195

给妻子的购买欲打个折 // 196

遭遇唠叨妻子，炫出你的幽默感 // 198

幽默给力，夫妻生活倍儿新鲜 // 201

▶ 第二节 老少通吃，幽默可以跨越年龄 // 203

亲子沟通，幽默很关键 // 203

跟儿女幽默，爱就告诉他们 // 205

教育孩子，幽默更有效 // 207

关爱父母，借幽默来传达 // 209

礼敬长辈，幽默提意见 // 211

▶ 第三节 远离抑郁，心态幽默很关键 // 213

自我放松，幽默解压 // 213

幽默心态，摆脱烦恼的困扰 // 215

无价幽默，减轻病痛的奇药 // 219

琐碎生活，处处都是幽默 // 221

内心有笑意，幽默感就不会远离 // 223

幽默人生，寻回快乐的自己 // 226

第一章

幽默的艺术，决胜必杀技

幽默是具有智慧、教育和道德上优越的表现。幽默感是人比较高尚的气质，是文明的体现，一个社会不能没有幽默。

——恩格斯

第一节 玩转幽默，从此不再尴尬

幽默之美，穆穆皇皇

幽默心得 幽默口才是一门惠己悦人的神奇学问，关键时刻，一两句幽默的话语，不仅可以帮我们消除危机、化解尴尬，而且还能展示出我们豁达的人格和高尚的情操。

荀子曾经说："言语之美，穆穆皇皇。"意思非常简单，是说语言的魅力在于美好而正大。而美好正大的语言，往往都是光彩照人的。幽默语言同样有这种魅力，它以激活信息的输出为目的，意在调剂人际关系，那些不顾场合的挖苦和嘲讽绝不在幽默之列。幽默用诙谐的方式展示出一种才华、一种智慧，使听者能置身于轻松有趣又能领悟哲理的氛围之中。

幽默口才是一门极具魅力的语言艺术，它的魅力使无数人为之倾倒。下面，就让我们领略一下著名节目主持人白岩松的冷幽默。

有一次，白岩松跟某高校学生进行了一段问答式对话。
学生："我看你有危机感，看起来冷冷的，这是为什么？"
白岩松："我喜欢把每一天当作地球的末日来过。"
学生："你什么时候才会笑？"

第一章 幽默的艺术，决胜必杀技

白岩松："会不会笑不重要，重要的是懂幽默。"

学生："如果有一天你的缺点多于优点，怎么办？"

白岩松："没有缺点也没有优点的主持人，连评论的机会都没有，有缺点我觉得幸福，它可能是优点的一部分。"

学生："我是学历史的，能当新闻节目的主持人吗？"

白岩松："今天的新闻就是明天的历史。"

面对学生的尖锐问题，白岩松凭借幽默口才从容应对。他告诉学生们要"把每一天都当作世界末日来过"，如果不细细咀嚼，很难能品出其中之味。任何人都有自己的缺点，为自己的缺点而感到幸福是一种自信的表现。运用幽默的语言把缺点解读成优点的一部分，不仅不会给人自卑之感，还会鼓舞别人。"今天的新闻就是明天的历史"这句话很诙谐有趣，以误解的方式传递出自己的言外之意——"条条大路通罗马，努力吧年轻人！"这就是所谓的正话反说、正题反做。原本司空见惯的话题，从听众的逆向心理出发来表达，就起到了不同凡响的效果，营造了一种只可意会不可言传的意境。

人生的感悟谐趣可分为三种，即理趣、情趣、情理交错之趣。那么，幽默属于这三趣中的哪一种呢？幽默应该属于情理交错之趣，因为它是理性与感性相结合的产物。作为一种艺术形式，幽默口才是以知识和经验为基础的，并且跟笑声密切相融。笑是人类与生俱来的一种特殊的本能。当然，任何人都不可能随时在笑，笑的行为只会在一定条件作用下才会发生，而幽默正是引发笑容的一大因素。但是，仅仅能够逗大家一笑并不能算是真正的幽默，真正的幽默会使人们在笑过之后有所思考，并从中悟到某种哲理和得到某种启迪。

在一次庆功宴会上，一位年轻的士兵在斟酒时，不小心把酒泼到前民主德国将军乌戴特的秃头上。士兵悚然，所有人都不敢出声，人们不禁为这个冒失的小伙子担心。

让大家没想到的是，将军拍了拍士兵的肩膀，说："老弟，你以为这种治疗能让头发再生吗？"

全场立刻爆发出一阵笑声，尴尬紧张的气氛因此得以化解。

俗话说得好："良言一句三冬暖，恶语伤人六月寒。"如果一个人不懂说话的艺术，那他是很难搞好团结、协调好各种关系、开展好各项工作的。有一部分领导者，习惯摆出一副高高在上的姿态，不懂得顾及别人的感受，结果无形中拉开了跟下属的距离，使职工工作的积极性受到影响。而那些能换位思考、替下属着想、深谙说话艺术的领导者，就算不倚仗权势，也能凭借自身的人格魅力赢得下属的尊重和拥戴。

假如想尽快掌握幽默说话的艺术，做到说话有品位、有分量、有感染力，就要分步骤锻炼自己。第一步，加强学习、提高修养。知识丰富了，修养提高了，认识问题、分析问题的能力和判断事物、表达思想的能力就会跟着一起提高，这时，说出的话就会更有水准，能够一言切中要害，让别人入脑入心。第二步，就是勤于思考、全面总结。养成了勤于思考问题、多方总结经验的习惯，说出话来才能思维缜密，才不会言语偏激，对别人造成伤害。第三步，也是最重要的，要学会"剪辑"。幽默出口之前，一定要先经过大脑的过滤和剪辑，三思而后出口，这样说出的话才能"穆穆皇皇"。

尴尬瞬间，巧用幽默来解围

幽默心得 在日常生活中，遇到难以避免的尴尬事情，我们不妨略施幽默，借助幽默的力量去应对和化解它。

一个人的心情是晴天还是阴天，决定权都在他自己，而不是外界环境。尴尬的瞬间往往最能考验一个人的风度，只有在尴尬的氛围中依旧保持自信从容，才能做到真正地宠辱不惊，才能让自己的心境一直处于愉悦、平和的状态下。

一位出道不久的年轻钢琴家应邀到一个城市的体育馆演出。马上就要开始表演了，可台下的观众却稀稀拉拉，位子有一多半都空着！主办单位尴尬

第一章 幽默的艺术，决胜必杀技

不已，连声向钢琴家道歉。

演出时间到了，钢琴家从容大方地走到台前，以充满神秘的口吻说："哦！我明白了，贵市的人一定都很富有。"台下的观众一头雾水，他接着说："数数剧场的空座位就明白了，在座的每个人都买了两三个人的位子啊！"

全场观众先是愣了愣，然后爆发出一阵哄堂大笑声。原本尴尬的气氛一下子轻松起来。钢琴家对观众颔首之后，正式开始了自己的演奏。

当一件不顺的事发生时，如果我们悲观地对自己说："完了！一切都完了！"那么，最后我们必然会愁眉苦脸好一阵子。但是，如果我们幽默地对自己说："没关系！下次一定不会比这次更糟糕了！"那么，便没有什么事情可以令我们心烦了。

有幽默感的人通常思路敏捷、反应迅速，无论在任何复杂的环境中，他们都能够从容不迫、妙语连珠，而且总是能凭借幽默的力量化险为夷。

出租车上坐了一位上年纪的妇人，她不停地打扰司机，汽车每行驶一小段路程，她就提醒司机一次自己要在哪里下车。

司机一直表现得很有耐心，直到她后来大叫道："我怎么知道是不是到了我要下车的地方呢？"司机说："你什么时候看到我的脸上出现笑容了，你要下车的地方也就到了。"

除了可以化解困境外，幽默还能给对方一个宽容的台阶，使对方不至于陷入尴尬之中。

有一个学生是单亲家庭，父亲又重病在身，身边需要人照顾，所以他上学总是迟到。班主任为此批评了他好多次。这天，他又一次迟到了，已经忍无可忍的班主任，终于当着全班同学的面，冲着他劈头盖脸一顿骂，生气之下甚至说出"你给我滚回家去，把你父亲叫来说明情况"的话来。

这个学生没有委屈地辩解，而是微笑着对班主任说："老师，我不是哪吒，没有风火轮，滚不了。"

这位同学聪明地给了自己和老师一个台阶，缓和了一下紧张的气氛。后来，他把自己家里的特殊情况仔细地跟班主任一一说明，也得到了老师的体谅。

一个小伙子跟朋友相约一起吃烤肉，并带着美丽的女友同行。大家正要开动，女友却突然打了一个大大的喷嚏，还从鼻子里飞出一些东西。众人纷纷皱眉，女友也觉得尴尬不已。

见此情景，小伙子迅速从口袋里掏出面巾纸，幽默地对女友说："亲爱的，你的美貌连外星人都惊动了。看，你鼻子里飞出了一个UFO。你要不要赶紧擦一下？"

女友羞涩地笑了笑，优雅地接过纸巾，回馈他一个感激的眼神。

用幽默的力量来化解自己的尴尬，使自己的心灵超脱尘世的种种烦恼；用幽默来帮他人摆脱困境，使生活多一点自由和愉悦。面对已经无法改变的窘境时，你是否已经准备好了用幽默来应对？

幽默以对，啥场合都不犯愁

幽默心得 人生中不仅有风和日丽的日子，还会有雨僝云僽的日子；我们既会赢得他人真心诚意的尊重，也会在某些场合感到无地自容。面对各种荣辱得失，我们要学会幽默以对，保持一颗平常心。

生活总喜欢跟人开玩笑，人们常常无法避免一些让人十分尴尬的意外场合。有的时候，一句不经意间的话就可能给自己招来不必要的麻烦，使自己陷入窘境。遇到这种情况时，人们总会通过各种方法进行解释，试图还原事实真相。但糟糕的是，事情经常会越描越黑，越解释越让人感到糊涂。这时，解决问题的关键就在于能不能让对方信服你的说法。

第一章 幽默的艺术，决胜必杀技

古希腊的寓言大师伊索非常有智慧。一次，他的主人醉酒失言，跟别人发誓要将大海喝干，并以他的全部财产做赌注。第二天酒醒后，主人发觉失言，特别懊悔。但是，全城人都已经知道了这件事，纷纷来到海边等候，要亲眼看看他如何喝干大海的。

束手无策之下，主人只好向聪明的伊索请教。伊索很平静地思考了片刻，然后给主人出了一条妙计。主人听了马上就不愁了，他赶赴海边对围观者高喊："不错，我是要喝干整个大海。可是，现在千万条江河不停地流向大海，这就不好办了。假如谁能很明确地把河水与海水的界线分开，我保证能喝干真正的大海！"

任何人都不能找到河水与海水的严格界线，并把它们给分开。于是，伊索的主人没变成食言而肥的小人。

面对同一个难题，聪明的伊索并没有像主人一样惊慌失措，而是平静地进行思考，分析怎样才能挽回主人的声誉。最终，他通过巧设一个不可能实现的前提，使这个不可能的誓言被合乎逻辑地推掉，达到了救危解困的目的。

在社会交往中，谁都免不了遇到一些意料之外的事情。尤其是在公共场合，难免会尴尬、难堪，如何才能恰当地处理这种场面呢？如何才能保持冷静，使气氛及时得以缓和，并避免造成更大的麻烦呢？这时，我们不妨来点幽默的方式。幽默不仅能缓和紧张的气氛，而且还能更快更好地解决问题，使局面重新得到控制，使自己摆脱尴尬的处境。

众所周知，第一次登上月球的应该是两个人。第一个家喻户晓，就是阿姆斯特朗；跟他一起登月的还有一个人，叫奥尔德林。在庆祝登月成功的庆功宴上，一位记者出乎意料地向奥尔德林提出一个特别的问题："阿姆斯特朗先下去了，成为登月的第一人，你会不会觉得非常遗憾？"

场面顿时变得有几分尴尬，所有人都屏住呼吸等待奥尔德林回答。但是，奥尔德林却非常有风度地说："各位，千万不要忘了，回到地面时，我是第一个走出船舱的。"环视了一下四周，他接着说，"所以，我是由别的星球来到地球的第一人。"

与会宾客都被他的幽默逗乐了，宴会上传出如雷的掌声。

幽默地面对尴尬，有了笑的调剂，再大的尴尬也能轻松化解，你也能因此获得他人的理解和赞许。在某些公众场合，特别是像演说、演唱会这样的场合，台上的人要受到全场乃至场外更多人的关注。因此，他们的形象显得非常重要。但在这种场合，也无法避免会出现一些意外，让他们陷入尴尬境地。如果想巧妙地让自己摆脱这种预料之外的尴尬，他们就需要具有应对突发事件的冷静与智慧，以及灵活使用幽默的技巧。

有位青年演说家参加演讲比赛，上台时不慎被电线绊倒。正在鼓掌的观众们都怔住了，接着哗声四起。而演说家却从容地站起来，微笑着说："你们的热情鼓掌真的使我倾倒了。"妙语一出，大厅里顿时活跃起来，赞美的掌声响成一片。

面对突如其来的尴尬场景，青年演说家并没有选择退却，也没有表现出恼怒的情绪，而是很从容地把自己的跌倒联系到在场观众的热情上。这样，不但将自己从窘境中提出来，还从侧面对观众给予了肯定，这一举两得，真是妙语生花。

委婉的幽默，成就八面玲珑的你

幽默心得 当你遭遇"吃软不吃硬"的人时，当你碍于情面不知怎样开口时，当你"哑巴吃黄连——有苦说不出"时，当你困惑于该怎样表达爱意时，委婉的幽默都可能帮你解忧，让你成为八面玲珑的社交达人。

人是一种情感丰沛的动物，因而会产生各种微妙的情绪反应。人与人之间的交往不是单纯的"你来我往"，其中还包含着诸多微妙的"真理"。每个人

第一章 幽默的艺术，决胜必杀技

都需要学会察言观色又不卑躬屈膝，学会委婉含蓄、不恶语伤人，学会在给足别人面子的同时无损自己形象，学会坚持原则的同时八面玲珑。

这种为人处世之道的形成，跟儒家文化数千年来潜移默化的影响有着很大关系。在古代，人们对自己的语言和行为的要求更为苛刻，"君为臣纲，父为子纲，夫为妻纲"等三纲五常的教条，特别是对君王身边的臣子们来说，就像时刻有一把无形的刀架在自己的脖子上。俗话说"伴君如伴虎"，一不小心脑袋真的会搬家，所以，想要生存下去的大臣们都要熟练掌握"劝谏术"。

战国时期，魏国吞并了中山，魏文侯把这块新占的土地分封给了自己的爱子。

一天，魏文侯问群臣："我是什么样的君主？"众人答："仁君。"只有任座表示异议，说："分封土地，给儿子而不给弟弟，算什么仁君？"魏文侯听后非常反感，任座因此离席而去。

文侯又问翟璜。翟璜回答："臣认为是仁君。"文侯问："你为什么如此认为呢？"翟璜说："我听人讲，'君王礼仪，臣下就耿直'。刚才任座说话那么直率，就足见您是一位仁君。"魏文侯听后羞喜交加，立刻命人把任座请了回来。

这里，翟璜并没有说谎。因为他找到了有力的论据来支持自己的论点，尽管和任座说法相反，却取得了预期的效果。他把魏文侯捧上了"仁君"的位置，让其下不了台，为自己和任座解了眼前的困境。在劝谏的时候，委婉的语气总是能起到事半功倍的效果。

如今，现代人已经不再受到三纲五常的约束，但是，委婉行事仍然是人与人之间相处的基本原则，因为许多社会关系十分微妙，需要我们谨慎处理。特别是上级和下级之间，不管是批评或者赞扬，都应该把握一个度，既要维护作为上级的威严，又不能让下属对自己敬而远之。

美国总统柯立芝的女秘书处理公文经常出错。一天早晨，柯立芝总统看到女秘书穿着一身非常亮丽的衣服，便对女秘书说："今天你穿的这身衣服真漂亮，特别适合你这样年轻漂亮的小姐。"

听到总统夸奖自己，女秘书非常高兴。柯立芝总统接着又说："但也不要骄傲，我相信你的公文处理也能跟你的打扮一样漂亮。"

从那以后，女秘书的公文处理工作做得更好了。

尽管这句话具有一定的讽刺意味，但总统并没有选择劈头盖脸地斥责，而是用开玩笑的语气委婉地表达了对这位秘书的批评，让秘书在高兴之余能接受工作方面需要改进的建议。秘书有了反思的空间，总统也表现了自己的宽容和幽默，可谓是一举两得。

当然，委婉地表达意愿不仅仅适用于工作，在婚姻爱情生活中它同样是一件"法宝"。有经验的过来人这样说："恋爱和婚姻都如同一对男女在'打太极'，进进退退、打打闹闹才有意思，也才有韵味。"

对陷入爱河的人来说，恋爱过程是最为甜蜜的。拐弯抹角的委婉是对付情人的绝佳武器，它不仅能增添恋爱的神秘感，而且还能营造一种含情脉脉的气氛。比如，女孩子常对自己的男朋友说："你真坏！"这就是典型的恋爱委婉用语。"你真坏"三个字形象地将恋爱中的女孩子的娇嗔、害羞刻画出来，再加上语气和神态的配合，绝对攻无不克。

同样，婚姻生活也离不开委婉幽默的润滑。假如夫妻双方长期一本正经地讲话，会产生距离感，影响婚姻的质量。已婚人士要有效利用各种话题，让生活幽默起来。

有一对夫妻非常恩爱。一次，丈夫患上了重感冒，卧床不起，脾气糟到了极点。这一天，妻子下班后，又听到丈夫在发牢骚，说自己快要憋死了。

于是，聪明的妻子趴到丈夫身边，用请求的表情对他说："噢，亲爱的，你千万不能死。我的衣橱里，连一件漂亮的黑色衣服也没有呀。"

那位丈夫马上露出了笑容，顺势回答道："好吧，我就等你把黑衣服准备好再离开。"

病人通常都有些敏感，照顾病人不仅需要耐心和智慧，还得学会委婉地使用幽默实现目的。如果只靠讲道理，很可能会事倍功半，甚至激起病人的厌烦情绪。这位聪明的妻子正是运用了委婉幽默的方法，用"请求"的语气让丈夫放松心情，从消极变为积极。

值得注意的是，委婉幽默尽管非常有时效性，但同时也具有"杀伤力"，一旦运用不当就会演变为反语，而反语和"讽刺"是形影不离的好兄弟。这时，委婉不仅很难营造出幽默的效果，而且还会变成伤害对方感情的利剑，起到相反的作用。

无厘头式幽默，荒诞而深刻

幽默心得 无厘头式的幽默摆脱了条条框框的束缚，以诙谐逗趣的方式暗示事物的本质，进而实现明辨是非的目的。由于可以发挥出巨大的、让人无法反击的威力，所以这种幽默经常被用在争论中。

但凡看过《大话西游》的人，都能说出周星驰在这部电影中那句经典对白："曾经有一份真挚的爱情放在我的面前，我没有珍惜，直到失去才后悔莫及……如果一定要在这份爱上加一个期限，我希望是一万年！"可能星爷自己都没有想到，他的"无厘头"竟然成了20世纪末创造的重要词汇之一，从这句经典对白开始，他的无厘头成为年轻人争相追随模仿的对象。

那么，到底无厘头是什么意思呢？其实，无厘头是一种流传于广东佛山一带的俚语，意思是指一个人无端做出没有缘由的事情来，表面上显得有些难以理解，让人忍俊不禁，但其语言或行为的背后却蕴含着深刻的社会意义，在玩世不恭的表象下面隐藏了事物的本质。简单来说，就是荒诞而深刻，是一种跟笑话有本质区别的幽默。

在运用这种无厘头幽默时，我们需要注意一点，尽管可以玩世不恭、抨击时事，但幽默的最终意图并不在此，而在提倡健康思维和快乐人生，促使对方励志向上。

1946年5月，远东国际军事法庭对以东条英机为首的日本甲级战犯进行审判。10个参与国的法官们在排定法庭座次方面，展开过一场激烈的争论。中国法官理应坐在庭长左边的第二个位置，然而，由于当时中国国力较弱，因此遭到各强权国的否定。

强行争辩并不是好主意，于是，唯一出庭的中国法官梅汝璈微笑着说："如果各位不肯按日本投降时各受降国的签字顺序排列，我们不妨找个体重计来，然后依体重排座次，体重重者居中，体重轻者居旁。你们若认为我不该坐在庭长的边上，则可以另派一名比我胖的人来换呀。"

各国法官听了全都大笑起来，不好再故意为难。

这回答引得法官们忍俊不禁。在审判法西斯的国际法庭上，法官的座次按体重来排定，这简直是天大的笑话！梅汝璈正是借助这样无厘头的对话，嘲讽帝国主义者仗恃强权、践踏国际公理的强盗作风。假如你正跟人发生争论，不要急着反驳对方，不如像梅法官这样舍弃锋芒毕露的语言，给对方一个无厘头式的幽默，不仅风趣含蓄、诙谐生动，还能起到更好的反驳效果。

一位美国绅士到咖啡馆喝咖啡。刚要开始喝，他突然发现咖啡杯里有一只死苍蝇。于是，他招手叫来服务生，和颜悦色地对他说："你好，尽管我觉得在咖啡单调的颜色中加点儿点缀很不错，但你能否把咖啡和苍蝇分开放，让那些喜欢的人自行添加，添加多少自己随意。你觉得这个主意如何？"

从字面意思来看，这位绅士把苍蝇当成了类似于奶油、方糖一类的食材，可以依据个人口味自行添加。可事实上，苍蝇是不能吃的，他这番让人摸不着头脑的话其实是要告诉服务生："哦，天哪，我的咖啡杯里居然有苍蝇！"再往深了挖掘，他恐怕是在提出抗议："你们餐厅的厨房到底有多脏？太让我这个老客户失望了！"这样的幽默十分难得，既可以有效凸显自身的气度修养，又能解决实质性问题，很有借鉴意义。

无厘头幽默非常多元，不拘于严肃或轻松活泼，只要你的心态是积极乐观的，就可以时时刻刻都无厘头。当然，无厘头式的幽默仅仅满足于搞笑、逗乐可不行，真正的无厘头幽默应该具有一定的批判性。你的语言可以很荒诞，但应该有内涵。比较容易操作的方法，即专注于对经典的颠覆、重构，以讽刺、揶揄那些不合理的事物，我们可以正话反说、正题反解，甚至以荒唐对荒唐、以悖谬对悖谬等，这都能帮我们达到目的。

在创造无厘头幽默时，大家应该最大限度地发挥自己的想象力，将万事万物视为调遣、组合和生发的对象，忽略自然时空、是非差别的存在，完全以自己的心灵意志为导向。正因为你的反叛声音既有规则又有思想权威，并在不经意中调侃了生活中的种种不合理现象，才使得无厘头幽默的功效得到极致发挥。

幽默感是现代人必备的品质

幽默心得：列宁曾经说："幽默是一种优美的、健康的品质。"幽默口才的培养，不仅仅在于口齿伶俐，借助幽默的谈吐来增强社交的生动性和亲切感，还包括被看成是一个人的优点。

作为21世纪的一员，你有没有认真想过，世界上是否真的存在创造幽默的天才？事实上，世界上没有谁是天生就有幽默感的，它必然是一个人所处的环境和自身努力的综合产物，因此，只要你愿意花时间研究，并努力付之于实践，你必定也会成为一个备受欢迎的幽默达人。

不管对于听者还是说者，幽默都是一种快速反应的结果，其效果往往在数秒钟之内就能显现出来。幽默的传达者，自然要有快速的思维能力，他不仅要在大脑中储存大量的幽默故事，而且还有一双幽默的眼睛，能从身边的平凡琐事中发现幽默，并用随口说出来的话语进行表达，使气氛得到渲染。

要营造一个幽默的环境，那说者与听者必须都有一定的幽默感。而一个人想要获得幽默感，那他首先应该具备敏捷的思维这一性格特征。从这个角度来说，幽默感可以被当作人的一种性格特征。

那么，那些具有幽默气质和幽默感的人，他们又属于哪一种性格类型呢？心理学家研究发现，一般来说，对外界事物敏感、感情比较丰富的人往往拥有幽默气质和幽默感。有些在普通人看来平平常常的事情，只要经过幽默大师的描述，就能产生"妙笔生花"的效果，瞬间令人笑破肚皮。大家可能会觉得，大师们都是有特殊的"第六感官"的人，自然更幽默一些。其实，在日常生活中，那些对事物敏感、有丰富感情的人也都像大师一样幽默，并且能通过幽默改变自己的生活。

当然，事物应该一分为二地去分析，不能过于绝对化，像美国著名的物理学家爱因斯坦、我国宋代著名诗人苏东坡，就无法断定他们到底属于哪种性格特征。此外，人的性格也会随着环境、时间、地点的变化而有所转变，如中国古语所说的"近朱者赤，近墨者黑"，就有一定的道理。也就是说，现在不幽默的人并不意味着以后也不会幽默。

如果想培养幽默这种优美而健康的品质，我们就要通过学习来获得。只要你愿意下点工夫去钻研、去培养，只要你有心努力，总有一天你会成功的。

在跟几位同伴一起孤筏渡重洋后，挪威探险家托尔·海雅达尔感触至深地写道：

"对一个探险集体来说，在冒险航行的恶劣条件下，开开玩笑、说说笑话的重要性绝不亚于救生圈。"

对幽默的重要性，海雅达尔作了极富幽默感的描述。的确，不管是身负重任的领导者，还是普普通通的平民百姓，幽默感都是一种不可或缺的素质。

恩格斯说过："幽默是在智慧、教养和道德等方面具有优越感的表现。"幽默的话语，不仅具有愉悦、美感作用和批评教育作用，还具有讽刺的作用，能让你的生活变得更加丰富多彩、生机盎然。

第一章 幽默的艺术，决胜必杀技

第二节 把握幽默的尺度，别让人会错意

远离庸俗，幽默是高雅的艺术

幽默心得 在与人幽默的时候，我们一定要谨记，幽默跟搞怪恶整、低级趣味有着本质的不同，我们一定要让自己的生活远离那些庸俗化的幽默。

得体的幽默能反映出一种高层次的语言艺术和思维智慧，它不仅能有效地拉近你跟对方的心理距离，还能更好地展现你的人格魅力。与之相反，一个庸俗的幽默不仅会令对方感到尴尬，还会使你的形象大打折扣。

现代社会，人们对自身形象的好坏越来越重视，因为它直接影响到事业的成败。而一个得体的幽默，不仅有助于塑造良好的个人形象，还能快速地获得别人的好感。可惜的是，在现实生活中，有一些笑话却以低级趣味或搞怪恶整为主，缺乏一种艺术与智慧。下面，我们先看看一段朋友之间的对话：

王翠："猪的英语拼写是'PUG'吧？"
李华："不对，是'PIG'。"
王翠："不是吧，我怎么记得是U（YOU/你）呀！"
李华："你弄错了，是I（我）。"
王翠："猪是YOU（你）！"

李华："猪是I（我）。"

王翠："哈哈，不要强调了，我知道你是猪了。"

李华：……

王翠或许只是想和李华开一个小玩笑，但却使对方把自己跟猪联系在一起，相信没有哪个人被如此幽默之后还能够"会心一笑"。

幽默是美丽神奇而高雅的，它就像一道色、香、味俱佳的美味佳肴，让人们不知不觉地也想自己亲自一展身手。需要注意的是，在使用幽默的时候，一定要保持幽默的品位和格调，特别是在社交礼仪的场合。假如在这种场合使用幽默不当，不仅会影响自己在别人心目中的形象，而且还可能会造成双方的矛盾。

在与朋友聚会时，夏宇想活跃一下现场气氛，于是他"自告奋勇"为大家讲一个笑话。说是有一个人到拉面馆吃饭，他点了一碗拉面，可等了半天也没来。于是，他对伙计说："我要的拉面怎么还不上？等了半天了！"伙计满脸笑容地说："别急别急，师傅正在拉！"说话间，大师傅端着热面过来了，非常热情地说："这是我刚拉出来的！还冒热气呢！请吃请吃！"

夏宇说完这些，朋友们彼此面面相觑，大都面呈恶心状。

其实，夏宇的本意是为了活跃气氛，但他没有搞清楚幽默的含义，将污秽之物等同于幽默，结果破坏了大家的心情与聚会的气氛，结果让自己不招人待见。我们谁也不愿意破坏跟朋友之间的珍贵友情，因此我们在借助幽默来增进友情时，切忌做这种"损人不利己"的事情来。

当青年男女坠入爱河后，在这方面更要谨慎，千万不要让自己的幽默过于庸俗。在爱情里，一个高雅的幽默能让你在意中人的眼中加分不少，助燃你的爱情之火；而一个庸俗的幽默，却会让你的形象大打折扣，甚至有可能浇灭你的宝贵爱情。

公园内，女友含情脉脉地对小李说："你说说我在你心中是怎样的，好吗？"

第一章 幽默的艺术，决胜必杀技

小李沉思片刻，笑着对女友说："你的相貌如梅花一般冷艳；你的气质像冰川一样含蓄；你有令我折服的内涵；你有令我倾倒的酷。总的来说是：'你就是梅川内酷！'"

听了此话后，女友气得立刻拂袖而去，留下小李在那里懊悔不已。

在恋爱中，每个女孩都喜欢男朋友用幽默的言辞来赞美自己，但小李这种"幽默"的赞美，在女孩听来不仅庸俗不堪，而且还是令人气愤的。所以，小李会惹恼女友也是可想而知的事情。

赞美式幽默，不能失了分寸

幽默心得 赞美是讲究原则的，高帽绝对不能乱戴，帽子戴得太高太大，不仅不能博得好感，可能还会让你的形象大打折扣，让对方把你当成谄媚的小人。所以，赞美话要说得幽默且不失分寸。

任何人都喜欢正面的赞美，而不喜欢负面的批评。假如我们能真诚地赞美对方，并适当加入一些幽默的元素，不仅能让对方欣然笑纳你的赞美，更能迅速拉近彼此的距离。比如，你要称赞某位男士帅气，可以这样说："本来一直以自己的风流倜傥、玉树临风而自豪，一看你我就没这种感觉了！"

听了这话，对方必然会哈哈大笑。笑，具有无法想象的魔力，你只要能让他发笑，那么他就会反馈一些良性的回报，使我们更为自信、更有魅力，进而形成人际关系的良性循环。

一只乌鸦站在树枝上，嘴里叼着一块肉。狐狸被肉的香味吸引了过来，馋得一个劲儿流口水。为了得到那块肉，狐狸赔着笑脸讨好乌鸦："乌鸦先生，您的羽毛真漂亮，歌声真优美，它们应该封你为鸟类之王啊！"

乌鸦听了开心地大笑起来，这一笑肉就从嘴里掉了下来，狐狸在下面恰好接住。狐狸高兴地说："乌鸦先生，你笑口常开，我的好运就来啦！"

以前读这则寓言，大家一直专注于乌鸦的自大愚笨、狐狸的狡诈奸猾。其实，只要换个角度来看，你会发现这个小故事还有另外一层意思，它告诉我们：每个人都喜欢被赞美，赞美就像是一枚糖衣炮弹，我们任何人都无法招架。

拿破仑一生建功立业，却极其反感奉承的话，假如有人敢在他面前阿谀奉承，不仅讨不到任何好处，还可能会招致他的训斥。不过，凡事总有例外，他手下的一名士兵就聪明地发现了拿破仑的弱点，让他高兴地接受了自己的赞美。

这名士兵是这样说的："将军，虽然居功至伟，却最不喜欢奉承话，您真是值得我们学习的人啊！"仅仅是这样一句赞美，就让拿破仑笑逐颜开。

这名士兵之所以能够让拿破仑接受赞美，就在于他选对了切入点，并给这顶高帽设计了最佳尺寸。他清楚拿破仑的脾气禀性，知道他反感奉承，便从这一点入手，对他不喜奉承这一点加以赞美。这个赞美非常地别出心裁，恐怕拿破仑的心里也为自己的这一点品质而沾沾自喜呢！这名士兵恰到好处地找准切入点，轻描淡写地说出赞美的话，自然能够"话半功倍"。由此可见，赞美一定要找准切入点，否则不仅很难让对方开心，还会让人家把你当成虚伪、爱奉承之人。

《调谑编》记载了一件关于苏东坡的趣事：

北宋诗人郭祥正有一次途经杭州，把自己写的一首诗拿去给苏轼鉴赏。可能是对诗作太过得意，郭祥正不等苏轼细看，就声情并茂地吟咏起来，直读得感情四溢，声闻左右。

读完诗后，郭祥正问苏轼："请问，这诗能评几分？"

苏轼不假思索地说："十分。"

郭祥正有点不敢相信，疑惑地问："苏老师，你不要客气，我这诗真的能得十分？"

苏轼点点头说："你刚才吟诗，七分来自读，三分来自诗，不是十分又是几分？"

　　从苏轼的评语来分析，郭祥正的诗恐怕并不是很好。但是，郭祥正能如此热衷于写诗，并全心投入地加以朗读，让苏轼也不想泼他的冷水，反而想适当地赞美他一下，以示鼓励。这种赞美自然不能太夸大其词，让郭祥正自己搞不清状况，所以苏轼给他打了个十分，但又告诉他这十分读占七分、诗占三分，使得这赞美有了一种再接再厉的鼓励意味。

　　生活中，假如你不得不说一些赞美话，千万不要咬紧牙关说谎，也没必要把对方吹得天花乱坠。倒不如向苏轼学学，小小地赞美一下，更多地给予鼓励，这比乱扣"高帽"式的赞美要受用得多。

　　当然，夸奖别人也不能无所顾忌，我们应该本着一颗真诚之心去夸奖别人，不要让别人觉得你言不由衷。另外，我们夸奖的内容应该是对方所在意的，就像那位士兵称赞拿破仑不喜奉承一样，必须把话说到对方的心坎里。比如，见到中年女性，我们可以称赞她们身材苗条、婀娜多姿；遇到老年人，我们就要称赞他们身体硬朗、精神矍铄，等等。最后，赞美一定不要太生硬，要加入适当的幽默作为润滑剂。

态度友善，幽默不过头

　　幽默心得 恰当的幽默一定要保持态度友善，切忌幽默过了头，尤其是不能拿别人的种族、宗教信仰以及身体残疾等来开玩笑，因为这会严重伤害别人的自尊和人格，使彼此之间的关系恶化。

　　孟子曾经说："爱人者，人恒爱之；敬人者，人恒敬之。"幽默的过程就是一个感情交流传递的过程，假如借幽默来达到对别人冷嘲热讽、发泄内心厌恶和不满情绪的目的，那么这种玩笑就不能叫做幽默。

在生活的每一个角落，我们都可以发现幽默的踪迹。当然，认识幽默之后还要运用幽默，只要我们在运用的过程中能够把握好幽默的尺度，那么它就会处处闪光，点亮我们的平凡生活。

跟大家沟通交流的时候，如果我们能轻松幽默地开个得体的玩笑，那就可以起到松弛神经、增强了解的作用，有助于营造一个适于交际的轻松愉快的氛围。所以说，幽默的人往往更容易受到人们的欢迎与喜爱。

有位教授正在讲台上发表演讲，当大家都侧耳倾听之际，突然有一个学生的椅子腿折断了，这人狼狈地跌坐在地上。

此时，同学们的注意力一下子被分散了，都侧身去瞧那名跌倒的学生。教授见此情形急中生智，反应迅速地朗声说道："各位同学，现在都相信我所说的理由足以压倒一切异议声了吧？"

话音一落，底下立刻响起了一阵笑声，然后就是热烈的掌声。

这就是得体幽默带给人们的好处。然而，同样的意思往往有几种不同的表达方式，假如表达方式变了，那造成的后果通常也会不一样。所以说，幽默的表达方式是非常重要的，直接关系到幽默的效果。一旦幽默变了味，那效果很可能会适得其反。

有一个青年学者拿了一份诗稿到杂志社，希望能得到发表的机会。看过之后，编辑问道："这诗是你写的吗？"青年学者稍微迟疑了一下，然后肯定地说："是的，其中大部分内容都是我写的。"

编辑装作很认真的样子，一脸崇拜地对青年学者说："拜伦先生，见到您很高兴，我以为您已经死了一百多年了。"青年学者满脸通红，讪讪而去。

很明显，编辑看出青年学者的诗作抄袭了拜伦的部分作品，但他的幽默方式太过尖酸了，对青年学者从精神到人格上都是讽刺挖苦，使幽默变成了恶意的攻击，严重打击了青年学者的写作积极性。

编辑的幽默不仅没有达到缓和气氛、委婉拒绝青年学者的目的，反而在学生的心里留下阴影，其效果还不如干脆利落地说："你这首诗有一部分是抄拜伦的，我们不能发表。"

成功的社交大都离不开对他人的敬重。也许有些人没有你口齿伶俐，口头上你也占了上风，但别人一定会觉得你不够尊重他人，以后也不会愿意跟你继续交往。所以，如果想拥有对别人产生有效影响力的能力，你就要设法让对方明白，你是本着友善的态度开玩笑的，你是从心底里敬重他们的。

幽默的智慧，识别场合和对象

幽默心得 幽默常常散发出智慧之光、魅力之光。但是，假如将它运用到了错误的场合、错误的对象上，那幽默可能就会散发出愚蠢之光，让人听而生厌。

虽然我们的生活中不能缺少幽默，但是，它并不是无所不在、无所不能的。在运用幽默的时候，我们一定要先考虑场合和对象，在某些特殊场合，假如我们任意而为地幽默的话，那我们极有可能需要为自己的幽默付出沉重的代价。

商务谈判的场合要求我们郑重、认真地加以对待。在这种场合中，假如我们随意说一些自以为会缓和紧张气氛的小幽默，很可能会让对方觉得我们没有认真地对待这次会议，更严重的话，还很可能因此而失去非常重要的合作伙伴。

会议室里，两家公司的代表正为了双方的合作进行紧张的谈判。当谈判进行到重要阶段，双方的代表正为一个关键问题不断地进行争论之时，甲方公司的秘书却突然插话，说："假如我们的脸部长时间地僵硬，就会变成名副其实的'扑克脸'哦，为了大家的形象，我们一起来放松一下吧！"

这话说完之后，现场静默了3秒钟，然后所有人都用奇怪的眼神看着他。

借助幽默来缓和紧张的气氛，本是一件无可厚非的事情，但这位秘书却选

择了错误的场合和时间。他不合时宜的幽默，不仅会让他自己看上去有些滑稽，还会让他的上司觉得他没有认真对待这次会议，从而使自己的职业生涯受到不好的影响。

幽默不仅要选择对的场合，还要选择对的人。假如我们选择错误，当我们对一个不懂幽默，甚至是会误解幽默的人开玩笑时，那就有可能搞笑不成反被骂了。

有一次，一位男士的女同事穿着一条漂亮的新裙子来上班。他随口幽默道："今天准备出嫁？"殊不知，这位女同事性格有些敏感，她闻听此言，当即怒不可遏，生气地说："你骂人！难道我离婚了，难道我丈夫不在了？"接下来，又是一连串的谩骂。

最后，这位男士怎么解释都无济于事，只好一再道歉才算过去。

这位先生在幽默时，并没有发现对方是一个不能开玩笑的人，结果就只能是自认倒霉。从这个故事我们要汲取一个教训，就是遇到不懂得幽默之人的时候，我们一定要尽量小心言语，以免发生跟这位男士类似的悲惨遭遇。

我们的幽默才华，如果不是在合适的地点、合适的对象、合适的场合，就不可能得到尽情发挥。因此，我们务必要做一个能够识别什么是"合适地点"、"合适对象"、"合适场合"的人，只有这样，我们才有机会成为一个真正懂幽默的人。

适度幽默，把握幽默的范围

幽默心得 万物都有一个"度"，只有在一定的"度"之内，幽默才能称其为幽默。如果超过了特定的范围，那幽默就会变质，甚至已经不能算是幽默了。

很多人都在为如何把握幽默的度而苦恼。如果幽默度不够，则很难达到令

第一章 幽默的艺术，决胜必杀技

人发笑的效果；如果幽默太过，则会让听众厌烦。尽管幽默之度难以把握，但是，幽默的度也并不是毫无规则可循的。只要能够用心观察生活，我们很快就会发现幽默的度。

杰米·卡特是美国的第39任总统。有一次，卡特乘专机前往饱受旱灾之苦的得克萨斯某镇，在飞机降落之前，该镇忽然下起了雨。

卡特走下飞机，对聚集在那里前来欢迎他的民众微笑着说："你们最需要的要么是钱要么是雨，我拿不出钱，所以只好带来了雨。"

在还没下飞机之前，卡特总统可能准备了一篇冗长无聊的演讲稿；但当他发现及时雨到来之时，利用当时的情景，幽默地开了一个小玩笑，不仅活跃了现场的气氛，而且有效地拉近了跟民众之间的距离。

生活中，我们可能会遇见一些爱吹牛的人。其实，这时我们应该做的就是左耳进、右耳出，不一定非要当众戳穿他们。假如我们想用幽默来调侃他们的吹牛，那必须要小心，因为把握不好就可能会伤及对方的面子，甚至给自己造成无谓的麻烦。

一位歌唱家对自己的朋友吹嘘，他眉飞色舞地说："我昨天的演唱你听没听？我的声音是那样洪亮，几乎连剧场都容纳不下了！"

"是啊！"朋友很清楚他在说谎话，便笑着答道，"尽管我没有听到你的声音，却看见观众为了给你的声音腾出空间，一个个都离开了剧场！"歌唱家顿时涨红了脸。

这位朋友的语言就属于过度的幽默，虽然他当众揭穿了歌唱家的谎言，但却让对方下不来台，甚至伤到了对方的颜面。可见，当我们打算用幽默来指出别人的不实话语时，不仅需要发挥自己的机敏，更需要让对方在笑声中感受到一种无言的体贴。

日常生活中，朋友之间的相处大多比较随意，但这并不意味着我们可以随意跟朋友开玩笑。当我们要调侃一些可能让对方不愉快的事物时，最好让自己

当主角，拿自己来举例，这样既能幽默适度，又能表现出自己宽广的胸襟。

一位出版社编辑在跟朋友聚会时，有一个朋友笑称他是聪明绝顶之人，只见他指了指自己的光头，笑答："不，早就绝顶了！"

说完后，所有的人都哈哈大笑起来。

这位出版社编辑能做到把自己的光头当作幽默的材料，不仅做到了对幽默尺度的把握，还显示出他的豁达自信。毋庸置疑，能做到这一点的人才是一个真正懂得幽默的人。

把握了幽默的范围，掌握了适度幽默的智慧，幽默就能成为人生路上的波光艳影，成为智慧之源上绽放的最灿烂的花朵，成为大家能够享受到的心灵之光。

笑语自会逼人来，幽默急不得

幽默心得 古语有云："妙在水到渠成，天机自露，我本无心说笑语，谁知笑语逼人来。"幽默同样是如此，只有在充分的铺垫后才能厚积薄发，千万不能急于求成。

施展幽默是有过程的，这一过程跟建一栋高楼的过程非常相似，如果没有几米深的地基，就不会有高楼的拔地而起；如果没有下面第一层和第二层楼的铺垫，就显示不出最高层的高来。就建造高楼的整个过程来说，大部分时间都是在不断地沉淀造势，因为，成功的光芒只有在最后一层楼完成时才能显现出来。幽默也同样需要积淀，没有足够的积淀就不会有"一句中的"天下乐，更不会取得最佳的幽默效果。

在一期《正大综艺》节目中。

第一章 幽默的艺术，决胜必杀技

赵忠祥（手拿一张画着绿色圆圈的纸）："杨澜，请你当着朋友的面，说说看，我手里拿的是什么？"

杨澜："这是一张画吗？我知道了，您这是画了一个西瓜，可是太简单了。"

赵忠祥："不对，再猜猜。"

杨澜："不是西瓜，那是小一号的西瓜，绿皮香瓜。"

赵忠祥："为什么想得那么复杂？"

杨澜："哦，对，这不过就是一个绿圆圈。"

赵忠祥："不能算对。"

杨澜："那我可就猜不出来了，您自己告诉大家吧。"

赵忠祥："我手里拿的是一张画了绿圈的纸。"（观众笑了，杨澜也笑了）

下面，我们就以这一组对话模板，聊一聊幽默话语的构成规律。

一般来说，幽默主要由四个环节组成，它们依次是悬念、渲染、反转、突变。有时，个别环节可能隐含或者省略，但是四个环节是客观存在的。在这个例子中，赵忠祥显然刻意"制造幽默"：他出示"画着绿色圆圈的纸"是设置悬念；然后不断地"卖关子"是渲染，意在引起大家的关注与期待；"为什么想得那么复杂"是反转，即引而不发的心理迁移；当杨澜泄气时，赵忠祥公布出人意料的谜底，是突变。

幽默表达就应该按部就班，先不动声色地制造悬念，然后不停地"卖关子"加以渲染，最后轻描淡写地反转或突变。在这中间，最忌讳的就是"幽默预告"。假如赵忠祥对观众说："现在我向杨澜提一个幽默的问题"，那"幽默"便荡然无存了。

20世纪初，有个美国的香烟商人到法国做生意。这天，在巴黎的某个集市上，他大谈吸烟的好处。突然，从人群中走出一个老人，径直走到台前。那位商人吃了一惊。

在台上站定后，老人大声说道："女士们，先生们，关于吸烟的好处，除了这位先生讲的以外，还有三个好处哩！"美国商人一听这话，赶紧向老人道谢："谢谢您了。先生，看您相貌不凡，必然是位学识渊博的人，请您把抽

烟的三大好处当众讲讲吧！"

老人微微一笑，说道："其一，狗害怕抽烟的人，看见就逃。（台下一片轰动，商人暗自高兴。）其二，小偷不敢去偷抽烟者的东西。（台下连连称奇，商人越发高兴。）其三，抽烟者永远不老。（台下已惊作一团，商人更加喜不自禁。）"话音刚落，听众便纷纷要求解释。

老人把手一握，说："请安静，我这就解释。"商人也很激动地说："老先生，请您快讲。""第一，抽烟人多驼背，狗一见到他以为是在弯腰捡石头打它哩，怎能不害怕？（台下笑声一片，商人吓了一跳。）第二，抽烟的人夜里常咳嗽，小偷害怕他没睡着，所以不敢去偷。（台下一阵大笑，商人直冒冷汗。）第三，抽烟人很少长寿，根本没有机会衰老。"台下哄堂大笑，烟草商人趁机溜走了。

这位老人讲话一波三折、层层推进，逐步把听众的思维引向迷惑不解的境地，等将听众的胃口吊得足够"馋"时，才不慌不忙地抖出包袱，表明自己的本意。

按惯常思维来说，吸烟是应该遭到反对的，因为大家都知道吸烟的危害，当老人默不作声地走向大谈吸烟好处的商人时，大家都觉得老人要提出反对意见，而他却也大谈抽烟的好处。商人跟听众一样大感不解，因而急切地想了解原因。最后，老人以幽默的话语给出了妙趣横生的解释。既让听众心情愉悦，又让听众免于被商人的欺骗性话语迷惑，意识到吸烟的危害性。其实，老人所说的三条好处正是吸烟的三大危害。

幽默说话最忌急于求成，假如迫不及待地要把妙语趣事公之于众，太急于得到听众的笑声，太早揭开有趣的"谜底"，就会显得操之过急。过早泄露"天机"和惊奇，由于铺垫不够、火候未到，极有可能会失去幽默感。所以，幽默应娓娓而谈、不徐不疾，使听众对结果产生错误的预期，有一个缓冲思考的时间，最后再一语道破。当然，太慢也不行，因为那会让听众不再有所期待和预期。

第三节 修炼12招，变身幽默达人

妙用夸张，幽默是无限制的

幽默心得 所谓夸张，是指为达到某种表达需要，着意对事物的形象、特征、作用、程度等方面予以扩大或缩小的修辞方式。

夸张式幽默，即将事实进行无限制的夸张，进而营造出一种极不协调的喜剧效果。夸张不同于吹牛，吹牛不过是简单地吹嘘自己的能力，而夸张则是刻意扩大或缩小客观事物，但仍旧使人感到真实性与合理性，造成一种幽默的效果。

央视春晚的舞台上，赵本山与宋丹丹、崔永元合作的小品《说事儿》中有这么一个情节。

宋丹丹饰演的白云："你说就他吧，就好给人出去唱歌，你说就这嗓子能唱吗？那天呢，就上俺们那儿敬老院给人唱歌，总共底下坐着7个老头，他'啊'的一嗓子喊出来，昏了6个。"

小崔："那不还有一个嘛。"

白云："还有一个是院长，拉着我的手就不松开，那家伙可劲儿地摇啊：'大姐啊，大哥这一嗓子太突然了，受不了哇，快让大哥回家吧，人家唱歌

要钱，他唱歌要命啊！'"

就算本山大叔唱歌真的很吓人，也不至于7个大爷昏倒6个。这里，"白云"分明是用夸张的语调告诉小崔，本山大叔对唱歌并不在行。

跟人交流的过程中，用夸张的说话方式给予巧妙暗示，极易产生特殊的幽默效果，既不伤双方和气，又能表明自己的看法和意图。另外，夸张制造出来的幽默通常会带有一定的讽刺意味。

有一次，马克·吐温乘火车到一所大学讲课。因为讲课的时间已经快要到了，所以他非常着急，可是火车却开得很慢。于是，他想出了一个发泄怨气的好主意。

等列车员过来查票时，马克·吐温拿出一张儿童票给他。这位列车员也挺幽默，故意上下打量一番，说："真有意思，看不出您还是个孩子哩！"

马克·吐温说："我现在已经不是孩子了，但我买火车票时还是孩子呢，火车开得实在太慢了。"

火车开得确实是有些慢了，但也不可能慢到让一个人从小孩长成大人。马克·吐温想表达的是车速太慢，但他没有直接将自己的不满对乘务员抱怨，而是巧妙地对火车的缓慢程度做出了无限制的夸张，令人捧腹大笑，在相对轻松的氛围里委婉地提出了自己的抗议。

一个初学写作的青年，给马克·吐温写了封信，里面说："听说鱼骨里含有丰富的磷质，而磷质最能补脑子，那么要想成为一个作家，就必须得吃很多的鱼了。"他还问马克·吐温："你是不是吃了很多的鱼，吃的又是哪种鱼呢？"

在回信中，马克·吐温告诉他："看来，你要吃一条鲸鱼才可以。"

大家都知道，鲸鱼是最大的"鱼"，看见这里的夸张已经达到了极限，甚至让人觉得有些荒谬了，但这种幽默却收到了良好的效果。

夸张式幽默也经常受到名人政客的青睐，他们借此来凸显自己的政治立场、观点，或者达到针砭时弊、惩恶扬善的目的。

在竞选加州州长时，里根就曾经针对当时加州的经济情况，对物价上涨进行过猛烈地抨击，他说："夫人们，你们都知道，最近当你们站在超级市场卖芦笋的柜台前，你们就会感到吃钞票比吃芦笋更便宜一些。"

还有一次，他说："你们还记得吗？当初你们曾经认为没有任何东西可以代替美元，而今天，美元已经真的几乎代替不了任何东西了！"

幽默类比，"比"出来的幽默感

幽默心得 在类比幽默中，对比双方的差异越突出，对比的时机和媒介选择越恰当，所造成的不协调程度就越明显，听众对类比差异性的领会就越深刻，所形成的幽默意境也就越耐人寻味。

类比式幽默，即把两种或两种以上互不相干甚至是完全相反的、彼此之间没有历史的或约定俗成的联系的事物扯到一块，进行对照比较，借不伦不类的效果揭示其差异之处，也就是双方的不协调性，使其产生强烈的幽默意味。

我们的日常生活跟科学研究是一样的，都要用相同的分类标准，否则很容易造成概念的混乱，导致思维无法深入进行。所以，从小开始，我们就被训练掌握这种最起码的思维技巧，如，猪、牛、羊、桃就不能并列在一起，应该把"桃"删去。这是科学道理没有错，但它并不幽默。

如果想让类比分类产生幽默的趣味，我们就要破坏这种科学的逻辑规律，对事物进行不伦不类的并列组合。其实，类比式幽默是一种常用的最基本的幽默技巧，它能使人在会心的微笑或难堪的情况中有所领悟、开启心智。由于这种幽默技巧操作简便，在现代人们的社交活动中，它被广泛地用作自我调侃和朋友之间的戏谑。

虽然类比式幽默容易操作，但也需要一定的智慧和超脱精神，不然是很难将其威力发挥出来的。

一个吝啬的老板让伙计去买酒，伙计向他要酒钱，他说："用钱买酒，这是谁都能办到的，要是能不花钱买酒，那才是有本事的人。"

不一会儿，伙计提着空瓶回来了。老板非常恼火责骂道："你让我喝什么？"

伙计不慌不忙地回答："从有酒的瓶里喝到酒，这是谁都能办到的，要是能从空瓶里喝到酒，那才是真正有本事的人。"

"不花钱买酒"和"空瓶里喝酒"同类一比，自然把针锋相对的矛盾揭示出来，而且谐趣顿生。老板自作自受，搬起石头砸了自己的脚，而伙计则用智慧扳回了一局。这里面就表现出类比式幽默的技巧，而且还带有返还式幽默的成分，即以其人之道还治其人之身。由此可见，幽默的表现形式并不是固定的、单一的，几种幽默形式可以同时交叉使用。

细观类比式幽默就会发现，它的幽默感是"比"出来的，它的情趣也是"比"出来的。正是因为有了这个"比"，听众才能在心理上更愿意去接受自己不认同的事物。我们一起来看看下面的事例：

有一位中学生，成绩很优秀，几乎每次考试都名列全班前三名。这次考了第五，他爸爸生气地说："去年我为你感到自豪，这次你怎么了，你有能力考全班最好的成绩呀！"

儿子微笑着说："每个同学的爸爸都想为自己的孩子考第一而自豪。假如我一直做第一，他们的爸爸可怎么办呀？"

得第一的学生爸爸的心情和成绩差的学生爸爸的心情并列相比，两种完全相反的心情，其趣就在于此。所以说，类比式幽默的方法非常简便。在社交活动中，这种幽默方式也得到广泛的运用。

一个周末，有个年轻人进城卖鸡蛋，他问跟自己打交道比较多的蛋贩子："今天鸡蛋你们给多少钱一个？"

蛋贩子回答："两毛。"

"一个才两毛！这价有点太低了！"

"是啊！我们蛋贩子昨天开了个会，决定每个鸡蛋的价格不能高于两毛。"

年轻人为难地摇了摇头，但没有别的办法，只好卖给他。

过了一周，年轻人又进城来了，还是遇到上周的那个蛋贩子。对方看看鸡蛋，说："这鸡蛋太小了。"

"是啊。"年轻人说，"我家的母鸡昨天开了个会，它们作出决定，因为两毛钱实在太少，以后不再使劲下蛋了！"

一个是"人开会"，一个是"鸡开会"，形成鲜明对比，绝妙横生。这就是类比式幽默，通过把风马牛不相及的一些概念，或彼此之间没有历史的或约定俗成的联系的事物进行对照比较，用不伦不类的效果制造出笑料，使人在笑声中受到教育。

设置悬念，幽默地"设包袱"

幽默心得 在叙述某件趣事的时候，不要急于将结果公之于众，而应以独具特色的语气和带有戏剧性的情节，来显示幽默的力量。具体来说，就是巧妙地给听众设置悬念，幽默地表达自己的想法。

古人经常说："文似看山不喜平。"对会说话的人，人们的评价多是"看，他多幽默"，或者"看，他一开口就妙语连篇，跟他说话总有令人意想不到的发现。"这些都是设置悬念所制造出来的效果。

在对话沟通的过程中，假如能够恰到好处地结下一个个"扣子"——悬念，在说出最关键的那句话之前沉住气，就会使听者在回旋推进的言论中兴味

无穷，产生"山重水复疑无路，柳暗花明又一村"的感觉，因而一步步实现预定的说话意图。

有一天下课，一位女同学突然走到讲台前，对老师说："我不喜欢听你讲课！"老师非常惊讶，问道："为什么啊？讲得不生动吗？内容不深刻吗，还是语言啰唆？"女同学回答："都不是！因为你的表情太严肃、眼睛瞪得太大，我不好在下面看小说。"

学生们听了，先是吃了一惊，而后都大笑起来。

这位女同学主观上并不是要否定这堂课，而是要肯定这堂课：老师要求严格，学生上课才变得认真。这个故事一开始就先设置了一个大大的悬念，将听众引入歧途，这悬念通常为造成反常的结果做铺垫。幽默者运用反向思维的方法将真相抖出，既解答了悬念，也将自己心中的意思表达得淋漓尽致。跟直白地说"老师你的课太棒了、太酷了"相比，这种幽默产生的效果要更智慧、更艺术。

设置悬念一定要巧妙，要顺理成章、有铺有垫、引人入胜，最后一语道破玄机，否则就会给人故弄玄虚之感。巧设悬念类似于相声里的"设包袱"，借跌宕起伏的情节牢牢吸引住他人，最后再借"抖包袱"来画龙点睛，让人体会到强烈的幽默效果，从而实现自己的目的。

要想悬念设得好、设得妙，除了要博学多识外，更重要的是思想要深邃旷达。博识能为"悬念"提供丰富的"语料"，而睿思则能保证其质是钻石而不是瓦砾，是珍珠而不是鱼目。这样的幽默才能雅而不俗、艳而不妖。那些善于吊人胃口的人，不管走到哪里都是最受欢迎的，他们令人在笑声中感受到高品位精神文化的滋润，使其在愉悦中认同并接受自己的意见。

因为最近工作比较忙，柳岩已经好多天没有跟妻子一起吃饭了。这天晚上，柳岩又加班到9点多，忙了一天很累并有点烦。回到家里，发现妻子还没有睡，在等他。"柳岩，我能问你一个问题吗？"

"什么问题？""你一小时赚多少钱啊？""在这儿等我不睡觉，就是为了问这个吗？无聊。"柳岩生气地说。"我只是想知道，就告诉我吗，一小时多少钱啊？"妻子跟他撒娇。"你真的想知道的话，我一小时赚30元。"

"哦，"妻子低下了头，接着又说，"柳岩，能借我10个一元的硬币吗？"柳岩生气了："开什么玩笑呀，快去睡吧。我很累，没时间跟你闹着玩。"

妻子安静地进了卧室。过了一会儿，柳岩感觉自己有点太凶了——可能妻子真的需要10个硬币。

柳岩走进卧室："睡了吗？""还没有。"妻子回答。"我刚刚对你有点凶，别生气。"柳岩说，"这是你要的10元钱，现在我没有硬币，明天你去换好吗？"妻子开心地接过10元钱，然后从床头拿出存钱罐，倒出硬币开始数。

"你攒这么多一元硬币干吗？"柳岩问。"这些钱都是你做这个项目期间攒的，因为我知道你这次的任务很重，并且时间很紧，肯定会有不少的压力，我一天存一个，一天许一个愿，希望你每天都能开开心心的。有了这10元钱，我就可以提一个小小的请求。"柳岩被妻子的举动给逗笑了："你说？""我可以用这30元钱买你一个小时的时间吗？明天项目就完成了，我想跟你一起出去吃顿饭。"柳岩哈哈大笑："就这啊，我还以为是啥大事呢！没问题，明天我提前回来，咱们吃顿好的去。"

尽管只是一个小小的请求，但这位妻子却说得惟妙惟肖，风趣幽默。假如这位妻子在丈夫又累又烦的时候说："明天你的项目就完成了，能不能和我一起出去吃顿饭。"从当时的情况来看，柳岩不一定会答应。可是，经过妻子的一番巧言妙语，丈夫不仅答应了要求，还将工作的烦恼抛诸脑后，全心感受妻子对自己的深情厚谊。

设置悬念也需要一定的技巧，如果你迫不及待地把结果说出来，或是通过表情与动作的变化暗示出来，那就像煮饺子把皮煮破了一样，幽默便失去了原本的效力，只能让人感觉扫兴。不过，凡事都要有个度，设置悬念也是如此。在适当的时候运用，一句机智的妙语能强过一摞劣书。

一个口才好的人，必然是一个风趣幽默的人。作为一个风趣幽默的人，如果想得到更多人的支持和帮助，在社交中如鱼得水，那就要经常使用"设置悬念"的幽默方式。

曲解经典，刻意歪曲显幽默

幽默心得 在导致荒谬的办法中，喜剧性效果比较强的要算曲解经典，因为经典的庄严意味最为浓厚，语言又多为人所共知，一旦被刻意歪曲，跟原意的反差就特别强烈。

歪解经典式幽默，是指利用众所周知的古代或现代经典文章、词句做原型，对其做出歪曲的、荒谬的解释，新旧词义、语义之间的差距越大，越显得滑稽诙谐。

在我国，古典书籍多为文言，跟日常口语相去甚远，一般情况下，不要说刻意去歪曲，就是把它译成现代汉语的口语或方言，也可能造成一定的语义反差，给人不和谐之感，显得非常滑稽可笑。如一首唐诗中描述一个男子为一个姑娘所动而尾随之，写得诗意盎然。可是，假如把它翻成现代汉语的"盯梢"，不仅没有半点诗意，反而显得很不正经了。又如，一位语文工作者用现代汉语的"阿飞"来称呼唐朝这种轻薄青年，听上去就更为滑稽了。这是由于古典诗歌的庄重或浪漫的词义在国人潜在的、共同的意识中是非常稳定的，在千百年中早已沉积在人们的无意识中，只要在语义上、风格上出现一点误差，人们都十分敏感，以致在还没有来得及思考为什么时，就已经忍俊不禁了。

在唐代的《唐颜录》中，记载了北齐高祖手下有一个幽默大师叫石动筒，他非常善于用歪曲经典式幽默在跟别人的智斗中取胜。

有一次，石动筒到国子监去参观，一些经学博士正在论辩，正说到孔子门徒中有72人能够在仕途上伸展自己的抱负。石动筒插嘴问道："72人中，有几个是戴帽子的，有几个是不戴帽子的？"博士回道："经书上没有记载。"

石动筒说："先生读书，为何没有注意孔子的门徒：其中戴帽子的是30

个,不戴帽子的是42个。"博士问他:"根据哪一篇文章?"

石动筒说:"《论语》上说'冠者五六人',五六三十也;'童子六七人',六七四十二也,加起来不就是七十二人吗?"

在《论语》中,孔夫子曾经跟曾子等得意门生谈论自己的志向和理想,他说如果自己能带着五六个青年(年纪长大到可以戴帽子的)和六七个少年,自由地在河边田野的风中漫游,就算是如愿了。这是《论语》中十分有名的一篇,可是石动筒在这里单独拿出约数"五到六人"和"六到七人",故意曲解成五六和六七相乘以后,又跟孔子门徒贤者72人附会起来,就变得很不和谐,并生发出诙谐的意趣。

关于石动筒的故事《唐颜录》中有很多,下面就是一则他曲解经典著作《孝经》的趣事:

有一次,北齐高祖召集儒生开讨论会,会上辩论极其热烈。石动筒问一位博士:"先生,天姓什么?"博士想北齐天子姓高,所以回答:"姓高。"石动筒说:"这是老一套,没有什么新意。蓝本经书上,天有自己的姓。你应该引正文,不要拾人牙慧。"博士迷茫地问:"什么经书上有天的姓?"

石动筒说:"先生,你从来不读书吗?先生不见《孝经》上说过'父子之道,天性也。'这不是说得明明白白:天姓'也'吗?"

在这里,石动筒歪曲经典的窍门是借了"性"与"姓"的同音。尤其是"也"在原文中属于语气虚词,没有任何实义,石动筒把虚词违反规律地实词化了,让人觉得特别牵强附会,因而也就更显滑稽。

司马迁的《史记》中有一个成语,叫做"一诺千金",说的是秦汉之际,跟刘邦一起打天下的武将季布,只要他答应的事情,多少金钱也无法改变。有个笑话就歪曲地解释了这个典故:

有一个姑娘问小伙子:"'一诺千金'怎么解释?"

小伙子说:"'千金'者,小姐也;'一诺'者,答应也。意思是:小姐

啊，你就答应了吧。"

通过词义的曲解，把历史英雄的典故变成了眼前求爱的语言媒介，二者之间距离有多遥远，其产生的滑稽效果就有多大。如果你是一位立志谈吐诙谐之人，就应当对这一规律深深领悟。

对一般人来说，即便要作暗示性的表达，也大多倾向于近取譬，然而近取譬容易进行抒情，却不容易制造不和谐、不恰当的滑稽感和诙谐感。要想让自己的讲话有谐趣，最好从不甚切合的远处着眼，以远取譬为佳。古代典籍对普通人来说，大多都距离十分遥远。既遥远而又歪曲，自然易于生谐趣。年代有多么久远并不是问题的最关键所在，最关键的乃是曲解本身。

断章取义，自圆其说的幽默

幽默心得 有些人读书喜欢断章取义，这实在是一个不好的学习习惯。因为一个独立的语句，只有被放置在特殊的语境当中，才会有比较明确的意思。当然，幽默时适当地断章取义并无不妥，这种幽默技巧是很有市场的。

关于断章取义，大家可能都不陌生。有些媒体几乎每天都会将某个明星或者重要人物的话断章取义，以便制造出轰动效应，吸引读者的眼球。在某家报纸上，出现过一个有趣的标题："主教：纽约有夜总会吗？"真的是如此吗？

一位主教前往纽约，刚下飞机就被记者团团围住。有记者故意刁难，问他："您想上夜总会吗？"主教不想正面回答问题，便笑着反问："纽约有夜总会吗？"

于是，第二天早上，这家报纸的头版头条刊登出这样一则新闻："主教走下飞机后的第一个问题：纽约有夜总会吗？"

第一章 幽默的艺术，决胜必杀技

主教的确说过"纽约有夜总会吗"，但在当时的语言环境中，这种反问仅仅是进行自我保护，并不具备语言字面所表述的含义。但当这句话被单独拿出后，主教的真实意愿跟话语字面含义就截然相反了。人们只看到这句话，就会觉得："这位主教大人看来不是正经人哪！"

生活中，大家不要随便断章取义，扭曲别人的真实意愿。但是，如果有改善谈话氛围的需要，也可以偶尔为之，将只言片语从整个语境或者句子中剥离，这样就能轻易制造一种不和谐的幽默效果。

1935年，巴黎大学，来自中国的留学生陆侃如正在进行博士论文的答辩。他学识渊博，一路应答如流，主考官们非常满意。

可能是看陆侃如应答得太过流畅，有位主考官突然问了一个怪问题，故意为难陆侃如。他问："《孔雀东南飞》这首诗中，第一句为什么不说'孔雀西北飞'呢？"

陆侃如知道对方在为难自己，稍稍思考了一下，就答："因为'西北有高楼'啊！"

主考官们听了先是一愣，随即相视而笑，都为陆侃如的幽默风趣所折服！

凡是对古文有所了解的都知道，诗文中很多方位词不具实际意义，不可望文生义，比如"刀枪入库，马放南山"，这并不意味着北山就不能放马。但是，假如这样回答，势必显得呆板，所以陆侃如引用古诗十九首的名句作答，使自己的答案听起来有些荒谬。从字面意思来看，"西北"恰好跟"东南"相对，因为西北的楼高，所以孔雀飞不过，只好掉头往东南飞。这种解释十分牵强，但很容易产生幽默效果，而且解释所产生的意义跟本义相差得越远，就越显得荒谬，幽默效果就越强。

你可以根据自己的需要酌情附会捏造，当你的需要因"断章取义"而得到满足时，幽默的情趣就会跟着油然而生。

但是，如果想更好地运用断章取义，还是应该多读书、多看书。因为，断章取义式的幽默需要我们拥有一定的断句能力，一个人的断句能力越强，断句前后句子表述含义就差距越大。在实际言语表达中，我们就能更好地把自己的

真实目的隐藏于"断句"中，甚至根据自己的需要随时随地断句，当我们的主旨得到有力支撑时，幽默也就产生了。

在日常生活中，断章取义是一种常用的幽默技巧，只要断得巧、断得妙，不仅能博得大家开怀一笑，还能为沉闷的生活注入鲜活的生机。

欲擒故纵，幽默地让他听话

幽默心得 欲擒故纵式幽默，就是先假定对方的观点是对的，然后合乎逻辑地推出荒唐可笑的结论，简单来说，就是引申归谬、设真推假，并由此生发出幽默意味。

在不便直说或不愿明说的场合下，欲擒故纵式幽默往往能在愉悦的氛围中达成目的，它的诀窍是：表面上是放，顺着对方的意思说话行事；暗中却是收，迫使对方就范。要发挥好这种幽默技巧，关键就在于处理好"纵"与"擒"的关系。

在设计"纵"的语言形式时，要巧妙一些，首先做到表面上看起来是纵，然后将擒的内容蕴含其内，这样就能使对方笑着接受你的建议。具体操作过程中，既可以先纵后擒，也可以纵中有擒，纵擒合一。

一些外国银行不允许职员留长发，因为留长发会给顾客留下颓废和散漫的印象，对银行的声誉有所影响。

有一次，一家银行的经理和人事部主任跟一批通过笔试的毕业生面谈，发现其中有不少留长发的男子。为了能使这些留长发的毕业生都留短发，人事部主任在致辞时，没有正面提出要求，而是充分运用了自己杰出的口才和幽默感，只说了几句话，就使留长发的毕业生愉快地接受了他的意见。

他是如何说的呢？人事部主任留着陆军式的发型，他说："诸位，我对头发的长短问题，一直以来都持豁达的态度，诸位的头发长度只要在我和经理的头发长度之间就没有问题了。"

大家马上把目光投向经理，只见经理面带笑容站起来，等他摘下帽子后，露出了一个大大的光头。

人事部主任使用的就是欲擒故纵法。他的本意是要求新进职员都留短发的，但他却不直接说出来，而是故意表现出一副豁达的样子，好像他的要求并不高。

从表面上来看，银行对于头发长短问题一直都持"豁达的态度"，这就是"纵"；可实际上，却要求"诸位的头发长度只要在我和经理先生的头发长度之间就没有问题了"，这就是"擒"。他是用相去甚远的语词表达了同一个概念。

逻辑学常识告诉我们，在不同的语境中，同一个语词可以表达不同的概念，不同的语词也可以表达相同的概念。人事部主任所说的两句话，表达的显然是同一个概念，它们却具有完全相反的含义。

这就是典型的先纵后擒法，非常有效力，一方面，它大大增加了幽默感，从而使自己的要求更容易被对方所接受；另一方面，先放后收的表达方式，使对方不好直接讨价还价，只得照办。

以谬还谬，让人无语的幽默

幽默心得 这种幽默口才有一个显著的特点，就是回答的话不涉及正面意图，正面意图全借不着边际的荒诞来反衬，使人因彻底无语而发笑。

一般来说，以谬还谬式幽默多用于亲近的人际关系之中，作为调笑之用；也有少部分用于关系疏远的人际关系之中，作为反击之用。进行这种幽默之前，要先明确好是用调笑功能，还是用反击功能，因为二者有明显的区别，用不好容易造成误会。

有些时候，为了避免双方关系陷入不必要的紧张状态，我们不能直接拒绝别人的不合理要求，因而为找不到回绝之辞而苦恼。此时，就可以使用以谬还谬，跟正面顶回去相比，让对方去体会他自己要求的不妥之处要更文雅一些。

19世纪末，伦琴射线的发明者收到一封信，写信者说他胸中有一颗残留的子弹，需要用射线进行治疗。他请伦琴给他寄一些伦琴射线和一份使用说明书。

伦琴射线是根本没有办法邮寄的，假如伦琴直接指出来信者的错误，那也没有什么不妥，但多少会让对方有一点被人居高临下的教训的感觉。最后，伦琴选择用以谬还谬的幽默口才来应对。

伦琴提笔写了一封回信，里面说："请把你的胸腔寄来吧！"

由于邮寄胸腔比邮寄射线听起来要荒谬一百倍，所以伦琴不仅传达出自己的幽默感，也让写信者明白射线是不可能邮寄的。

不直接回答问题可以给对方留下余地，并且能避开正面交锋的风险。在家庭生活中，特别是夫妻生活中，针锋相对的争执最容易引起不良的后果，而以谬还谬的幽默，往往能使一触即发的矛盾得到缓和。

有一对夫妻，结婚后经常吵架。这天又闹僵了，妻子生气地大叫："天哪，这哪像个家！我再也不能在这样的家里待下去了！"说完她就捡起自己放衣服的皮箱，往门口走去。

这时，如果丈夫去拉妻子，可能无济于事。让人意外的是，丈夫居然也叫起来："等等我，咱们一起走！天哪，这样的家有谁能待下去呢！"然后，丈夫也拉上自己的皮箱，赶上妻子，并把她手中的皮箱接过来。丈夫温柔地对妻子说："等等我嘛，我也待不下去了，我要和你一起走！"

"要是丈夫也走了，家不就没人管了吗？"想到这里，妻子只好带着丈夫返回到家中。

妻子出走已家不成家，丈夫也跟着一起出走，更不能成为家，这是一种极大的荒谬。丈夫本该挽留妻子，却跟妻子一起走，这不是双重荒谬吗？然而，正因为双重荒谬,妻子才能体悟到丈夫的真正意图,跟丈夫合好如初。

偷换概念,偷梁换柱式的幽默

幽默心得 所谓偷换概念,即将概念的内涵作大幅度的转移、转换,使对方预期失落,进而产生意外的幽默情趣。一般来说,偷换得越是隐蔽,概念的内涵差距越大,幽默的效果就会越强烈。

作为一种情感思维方法,幽默跟人们通常的理性思维方法有相同之处,也有不同之处。对相同的地方,人们不用细心钻研,就能够自行掌握;而对于不同的地方,那些幽默感较强的人虽然已经掌握,但不知其所以然,而幽默感不强的人则多以通常的思维方法取代幽默的思维方法,其结果自然是幽默感效果不甚强烈。幽默的思维和通常的理性思维至少有两个方面的不同:其一,在概念的使用和构成上;其二,在推理的方法上。这里,我们主要讲一下概念在幽默中的特殊作用。

在进行理性思维的时候,人们通常遵循一个基本的要求,那就是概念的含义要稳定,双方讨论的必须是同一件事,或者自己讲的、写的同一个概念要有一样的前提。假如出现不一致,就成了聋子的对话——各人说各人的。要是在自己的演说或文章中,同一概念的含义不停地变来变去,那就成了语无伦次了。

看起来,这有些不可思议,但是这恰恰是经常会发生的。因为同一个概念往往并不只有一种含义,特别是那些基本的常用的概念,一般都会有多种含义。假如说话、写文章的人不讲究,很容易导致概念的转移,尽管在字面上这个概念并未发生变化,但在科学研究、政治生活或商业活动中,这种在上下文中发生概念变化的情况是非常可怕的。

因而,古希腊的亚里士多德在他的逻辑学中就做出了规定,思考问题时概念要统一,这就是"同一律"。只要违反了这条规律,就被视为"偷换概

念"，也就是说，字面上你没有变，可是你把它所包含的意思给偷偷换掉了，这在逻辑学中是不被允许的。

当然，幽默的思维并不属于这种类型，因为它并不完全是实用型、理智型的，它更倾向于情感型。而情感与理性是天生的一对矛盾，对于普通思维具有破坏性的东西，对于幽默感则可能具有建设性的作用。

有这样一段对话：

老师问小明："今天我们学了减法。问你一个问题，假如你哥哥有5个苹果，你从他那儿拿走3个，结果怎样？"

小明说："结果嘛，结果他肯定会揍我一顿。"

从数学方面来说，这个答案完全是愚蠢的，因为偷换了概念。老师讲的"结果怎样"的含义很明显，是在问"还剩下多少"，这属于数量关系的范畴。可是小明却把它转移到人事关系上去了，说的是未经哥哥允许拿走他的苹果会有什么后果。

然而，对于幽默感的塑造来说，这样的概念默默地转移或偷换是非常有必要的。仔细分析一下，你就能发现这段对话的设计者的用意。他本可以让老师直接问还剩余几个，但"剩余"的概念在这样的上下文中没法转移，于是他改用了含义弹性更大的"结果"。这就便于小明把减去的结果偷偷转化为拿苹果的结果。可以说，这偷梁换柱式幽默的构成，其关键就在于偷偷地悄无声息地对概念的内涵进行转移。

指桑骂槐，拐弯教育"槐树"

幽默心得 指着槐树骂槐树，不会产生幽默；指着桑树而实际上骂槐树，才可能产生幽默。指桑骂槐式幽默就是借助特殊的语言环境，把词语的针对性转向谈话对方，从而制造出幽默的效果。

指桑骂槐，是指明骂桑而实骂槐，它不仅可达到己方目的，而且还能不授人以柄，有效防止正面冲突的发生。此法的技巧主要体现在选择应对语方面，要让"槐"听出来是在骂"槐"，但又抓不住什么把柄，使对方"哑巴吃黄连，有苦说不出"。

人类的语言十分奇妙，尤其是中国的语言，它的功能千变万化。同样一个词语，在不同的语言环境表达出来，其意思和味道就跟着不一样了。不懂得这个门道的人，是很难灵活掌握语言的这种活性的，更不要说运用它来开拓自己的幽默途径了。

从前，有个盲人被无辜地牵扯到一场官司中，开堂审判时，他对县太爷说："我是一个瞎子。"

县官一听，马上厉声责问："混账，看你好好的一双清眼，如何说没有眼睛？"

盲人接过县官的话说："我虽然有一双眼睛，老爷看小人是清白，可小人看老爷却是糊涂的。"

在这里，盲人采用的就是指桑骂槐式幽默，他所说的"清白"和"糊涂"，实际上是利用一词多义的现象从侧面陈述事实，从而达到"指桑骂槐"的目的。

从表面来看，他说的"清白"是指自己的眼睛是清白眼，而实际上却是暗指自己是清白无辜的。"糊涂"一语，貌似在说盲人因眼瞎看不清县官，但实际上却是说县官为官断案昏庸，是个糊涂昏官。所以，整句话的表面意思是"小人看不清老爷"，而实际上却在暗指："我看老爷是个糊涂官。"

这两句话从形式上看是"指桑"，也就是回答县官的问话；从内容上看却是"骂槐"，也就是暗中讥骂昏官。盲人巧妙运用了指桑骂槐式幽默，痛快淋漓地讥骂了昏官，又让县官抓不住自己的任何把柄。

指桑骂槐式幽默的特点就在于巧妙地利用词语的多义性或双关性等特点来做文章。说话者说出的话语，从字面上的意思看好像并不是直接针对对方，但

话语中却暗含了攻击对方的深层意思，使对方尽管有所觉察却又抓不住把柄，只好哑巴吃黄连。

一语双关，话中有话的幽默

幽默心得 为了防止概念被偷换，人们通常都是有一说一，有二说二，不会同时表达两个不同的主题。然而，幽默却可以二者兼得，用一语双关、话中有话来转移概念，给予暗示，引人发笑。

一语双关，是指在特定的语言环境中，利用语句的同义、谐音关系或能容纳不同内涵的概念，有意识地表达双重意义，简单来说就是"一语双关"。如果能够将"一语双关"表现得含蓄委婉、生动活泼、风趣诙谐，使人在产生意外之感的同时，又回味无穷，就可以称之为幽默了。

在生活中，人们为了保证思路的连续性，要求所使用的概念必须统一，不能朦胧模糊，不能随意转移或偷换，否则，人与人之间的交流，无论是书面的还是口头的都无法继续深入进行。所以，为了防止出现概念偷换现象，人们都得一是一、二是二，不能出现"是一又是二"。

然而，幽默却没有这层顾虑，它可以是一又是二。在幽默哲学中，一语双关常常是用来转移概念的最佳媒介。幽默可以凌驾于通常的理性逻辑规范之上，它可以因概念转移而得到价值的提升，这一点跟科学研究有着明显的区别。在科学论文中，为了防止概念转移，往往对基本概念给出严密的定义；而在幽默思维中，这种方法并不适用。为了便于概念转移，有幽默感的人特意在那些界限比较模糊的概念上做文章，以达到语意双关的幽默效果。

一语双关式幽默有一个重要的原则，是两个意思要以互相不协调为主，两者的冲突性是次要的。这种幽默的主要目的：一般是把自身的攻击锋芒掩盖起来，让对方在表面上毫无锋芒的语意里，体会到说话者的真正意图。

运用好一语双关式幽默，我们的智慧、情感和人格就能够得以升华，我们就可以在社交、交谈中立于不败之地。

在火车上，一个旅客的烟盒突然找不到了，他硬要说是坐在左手边的那个旅客偷走的。可是，过了一会儿，这个旅客从自己的口袋里找到了那只烟盒。于是，他很不好意思地对那个旅客道歉。

那位旅客冷静地对他说："没有关系。看来，刚才咱们俩都错了。"

这里"都错了"就具有双重语意，第一层意思是，刚才你不应该把我当小偷，你错了；第二层意思是，刚才我不应该把你当君子，我也错了。两层意思在暗中换了一下位置，就形成了强烈的反差，显得耐人寻味。

一语双关式幽默能充分体现出一个人的智慧和才能，如果运用得法，就可以帮助你摆脱眼前的困境，维护自己的尊严。

大词小用，幽默地活跃气氛

幽默心得 将一些用于庄重场合的比较严肃的语言运用于日常生活中的"凡夫俗子"身上，这便是大词小用式幽默的基本技巧。

所谓大词小用，是指运用一些语意分量重、语意范围大的词语来描述某些细小的、次要的事情，通过所用语言的本来意义跟所述事物内涵之间的巨大差异，营造一种词不副实、对比失调的关系，由此产生令人发笑的幽默效果。请看下面这个例子：

某中学一次年级老师会议上，最后一个议题是商讨学生春游的具体时间和地点。老师们人执一词、意见不一，讨论了很久。最后，年级组长提出利

用三天时间带领全年级学生去青城山春游的建议，而且很快达成"共识"。

在一片笑语欢声中，新来的李老师正色且大声地说道："组长，'疾风知劲草，国难识忠臣'，我坚决拥护您的决策，寸步不离您的左右。头可断，血可流，到那山上也绝对不把您丢！"

一个普通得再不能普通的人，针对一件非常小的事情，而面对连"七品芝麻官"都称不上的年级组长，竟然用上了类似政论性的语言，且说出了只有对领袖才用的词语。这些"重大"的词语突然"屈尊"于这轻松、随和的氛围里，听起来极其不协调，然而，正是这种"大"与"小"、"重"与"轻"的对比的失调，才产生了幽默的韵味，活跃了会议的气氛。

可想而知，小李的这番幽默定能为他赚得人气，使他在年级组长的心里留下一个不错的印象。在平凡至极的日常生活中，偶尔添加一些用于庄重场合的比较严肃的语言，营造出一种不协调的幽默意境，这就是大词小用式幽默的精髓。

自相矛盾，戏剧化的幽默术

幽默心得 通常，说话是不可以自相矛盾的，这是形成逻辑思维的最起码条件。然而，逻辑上的自相矛盾，却是我们制造笑料的一个主要途径。而且，前后反差越是巨大，越是荒谬，戏剧性就越强，幽默效果就越好。

矛盾是我们制造幽默的一个重要手段。在跟人对话时，如果话语明显地前后不一、自相矛盾，就会产生抵触的效果，形成巨大的反差，这首先会引起人们的震惊，但震惊之余，人们会选择借大笑来宣泄自己的情绪，这就实现了幽默的目的。这种矛盾法构成的幽默大多含有嘲讽的意味，当然，这类幽默跟说教有着本质的区别，它仅仅是让人们在笑声中自己领悟道理罢了。

从功能方面来看，自相矛盾式幽默可分为两类：一是讽喻他人的，二是自

第一章 幽默的艺术，决胜必杀技

我暴露的。自我暴露式的幽默通常表现为故作蠢言、自我调侃，以调笑居多，意在拉近人际关系；而讽喻他人式的幽默，则往往一针见血地直指对方痛处，具有强烈的戏谑效果。我们可以根据个人的谈话需要，在具体的矛盾下制造幽默。

一次，丘吉尔自驾车去参加宫廷演讲。由于时间紧急，他只好超速开车，结果被一名执勤的年轻警员给抓住了。

丘吉尔为自己开脱："我是丘吉尔首相，正急着去参加宫廷演讲。"

"乱说，你绝对是冒牌货！"年轻警官不相信他的话。

丘吉尔见状，只得哈哈一笑："被你猜对了，我确实是个冒牌货！"

警官又看了看丘吉尔，也跟着笑了起来，随即放了丘吉尔一马。

丘吉尔老实表明身份的时候，年轻警官怎么都不肯相信。于是，丘吉尔故意否认，使自己言谈前后矛盾，而这种自相矛盾的表述，不仅营造出一种幽默氛围，还让那位年轻警官搞不清虚实。两个人哈哈大笑过后，年轻警官只得抱着"宁可信其有，不可信其无"的心态亮绿灯。这种幽默方法非常实用，自相矛盾，虚虚实实，让对方无法摸清你的虚实，只得在笑声中大事化小、小事化了。

一次，国会议员通过了某个法案，而马克·吐温觉得那法案是荒谬不合理的。于是，他在报纸上刊登了一个告示，上面写着：

"国会议员有一半是浑蛋。"

报纸出版后，许多抗议的电话打了进来，国会议员们自然不承认自己是浑蛋，要求马克·吐温立刻更正。

于是，第二天马克·吐温又刊登了一个更正：

"我错了，国会议员有一半不是浑蛋。"

马克·吐温的声明看似前后矛盾，实际上他不过是在耍语言花招。第一次，他在字面上肯定，而意义上否定；第二次，他在字面上加以否定，而意义上却又肯定。这两种表述方式的置换，一针见血地指明了对方的错误。那些"前后矛盾"、"此地无银三百两"式的故事之所以经常被搬上舞台，且经久不

衰，就是因为其极佳的幽默效果，那些被讽喻的对象常常为了掩饰自己的巨大纰漏而疲于奔命，结果又顾此失彼、笑料迭出。

李敖的嘴巴很"损"，常常骂别人"书呆子"、"笨蛋"。有记者对李敖非常不满，便跟他玩起了文字游戏，准备好好贬损李敖一番。

记者问李敖："你的笔下常出现'书呆'、'蛋头'这类的字眼，可是你为什么没有自觉到，你自己就是个'书呆'、'蛋头'？你一天要工作12个小时，睡眠少，出门更少，怎么能自称了解人间万象与真相呢？"

李敖听了并未动气，而是轻描淡写地说："康德一辈子也没离开过他家方圆八十里地，可是他是大思想家，而且他还教世界地理。教世界地理我也行，因为我在家'卧游'已久。"

听了李敖的巧思妙答，周围人一阵大笑，纷纷为他喝彩。

"卧游"是李敖临时编造的一个词，这个词本身就很矛盾，既然在家里"卧"着，又如何能出门"游"呢？但是，李敖就是使用这个自相矛盾的词汇进行反击，根本不拘泥于什么语言逻辑，一切以自己所要表达的主旨为重，并营造出很好的幽默效果。李敖非常有幽默感，他的口出狂言就跟幽默有关。就算在别人对他进行中伤、侮辱时，他也仍旧能化解困境，这就是一种幽默的智慧。我们也可以学学这种幽默，不仅让别人见识到自己的学识、度量、聪明机智，还使对方的恶意攻击不攻自破。

为了营造更强的戏剧性，取得更好的幽默效果，我们还可以在矛盾对转以前着意强调即将转化的矛盾，以混淆别人视听。

比如，有好友向你借东西，你可以先口出豪言："嗨，说什么借嘛，我的就是你的，你只管随便用就是了！"可等你交出东西时，趁机自相矛盾地幽默一下，比如对方借的是自行车，便皱眉说："你可得留心着点用，千万别把我的自行车弄坏了！"刚刚还放出豪言，紧接着却又叫他不能把自行车弄坏，这就是一种自相矛盾。而且，前面的铺垫做得越足，形成的对比就越强烈，戏谑效果也越强。

值得注意的是，在制造矛盾的时候，我们还应该营造一种不经意的效果，在抖包袱前一定要沉住气，使谈话平稳而自然，以达到最佳的幽默效果。

第二章

决战社交，幽默是最佳武器

幽默口才是社交的需要，是事业的需要，一个不会说话的人，无疑是一个失败者。

——林肯

第一节 超强个人魅力，幽默感不能缺席

幽默助你成为社交达人

幽默心得 乐观和幽默是与人建立良好关系的催化剂，那些能给别人带来快乐的人，往往更容易被大家所接受、肯定和追捧，成为社交达人。

"百万富翁的创造者"拿破仑·希尔曾经说过："如果你是个幽默的人，那么你就会轻而易举地去影响你周围的人，让他们永远喜欢你；如果你是个悲愤的人，即使你身边充满了欢乐的海洋，你也会看不到的。"这世上恐怕没有比欢笑更能感染人的东西了！

在这个忙碌的社会，每个人都愿意和能给自己带来快乐的人相处，能带给别人欢笑的人通常是最受人欢迎的人，也是最有影响力的人。只要掌握了给人带来欢乐的方法，我们就能更容易获得人们的接受和肯定，进而成为社交场上颇具影响力的明星。

美国第16任总统亚伯拉罕·林肯举办过一场让人津津乐道的演讲。策划者在那场演讲中安排了一小段时间进行自由提问，由听众把问题写在纸条上递给林肯，由他念出来后再予以回答。当打开最后一张纸条时，林肯发现上面竟然只有两个字——傻瓜。

第二章 决战社交，幽默是最佳武器

林肯略微一怔，还是微笑着将这两个字公之于众。台上台下顿时都议论纷纷，暗自揣测一向以亲民著称的林肯将怎么收场。只见林肯不紧不慢地接着说道："本人收到过许多匿名信，全部都只有正文没有署名；今天却恰恰相反，这一张纸条上只有署名，而缺少正文！"

面对如此挑衅的纸条，林肯没有暴跳如雷，而是用一个小小的反讽幽默将自己的机智和从容展现在人们面前。同时，他也借助这个幽默把快乐带给了自己的支持者。能带来欢乐的人当然更容易得到大家的喜爱和认同。由肯定林肯的演讲开始，人们慢慢肯定林肯的为人，进而被林肯特有的魅力所感染，这就是小小幽默所产生的强大的影响力。

在美国历任总统中，美国第40任总统罗纳德·威尔逊·里根也是一个善用幽默活跃气氛的人。

一次，里根总统出访加拿大，在一座城市发表演说。在演说过程中，有一群举行反美示威的人不时打断他的演说，明显地表现出反美情绪。里根是作为国宾应邀到加拿大访问的，作为加拿大的总理皮埃尔·特鲁多对这种无礼的举动同样无可奈何，气氛非常尴尬。

在这种情况下，里根居然面带笑容地对特鲁多说："这种事情在美国是经常发生的。我想这些人一定是特意从美国来到贵国的，可能他们想让我有一种宾至如归的感觉。"听了这话，尴尬的特鲁多禁不住笑了。

演讲被搅局，大部分人都会尴尬窘迫气恼不已，而里根总统却对此一笑置之，不仅以幽默的语言化解了尴尬的气氛，更是以豁达的态度为加拿大总理找了一个台阶。这就是里根聪明的地方了，他懂得利用幽默缓和气氛，在一片祥和中拉近彼此的距离。可以说，里根本人之所以能得到美国民众的拥护，在很大程度上也是取决于他幽默、乐观的处世风格。

在让自己获得别人尊敬与爱戴的同时，幽默还是展现自己亲和力的绝佳手段。杰拉尔德·R.福特是美国第38任总统，他说话喜欢用双关语。有一次，在回答记者提问时，总统先生说："我是一辆福特，不是林肯。"

大家都知道，林肯既是一位美国伟大的总统，又是一种高级的名牌轿车；而福特不过是当时普通、廉价而大众化的汽车。福特说这句话，一方面表现出了自己的谦虚，另一方面又暗中标榜了自己是大众认可的总统。

幽默就是如此有魔力，能够时时让一个人秀出自己最为闪耀的一面。做一个懂得幽默的人，你就可以成为社交场上的达人。

懂幽默才有亲和力

幽默心得 幽默就像一块"亲水海绵"，能以最快的速度消除人与人之间的疏离感，树立自己的形象，增加自己的人格魅力和人际吸引力。

也许你的长相并不能吸引异性，也许你还不是一个成功人士，没关系，这些都不影响你成为一个幽默的人。先幽默起来，幽默会给你带来亲和力，而对有亲和力的人来说，成功大多不会太远。

跟气势压人的演说相比，它可能缺少言语上的磅礴；跟语重心长的说教相比，它或许没有正襟危坐的严肃；跟风花雪月的辞藻相比，它绝对不会无病呻吟地哀叹……幽默，虽然不过是几个诙谐的手势、几句机智的话语，然而，它却拥有能够春风化雨的魔力，能使紧张的气氛轻松起来，使陌生的心灵瞬间亲近。

美国著名黑人律师约翰·马克曾发表过一篇名为《要解放黑人奴隶》的演讲，可他的听众大多数都是白人，而且是普遍对黑人怀有偏见的白人。于是，他放弃了准备好的"开场白"，换言道："女士们，先生们，我到这里来，与其说是发表讲话，倒不如说给这场合增添点颜色。"话音刚落，听众们全部咧嘴大笑，紧绷的对立情绪一下子被笑声驱散了，此后的数个小时里，会场都表现出了前所未有的安静。

大家都有这样的体会，跟幽默风趣的人聊天，会觉得非常轻松愉快，气氛融洽。朋友聚会，因幽默者而红火热闹；面对严肃的上司，幽默下属出语诙谐，松弛其拉长的面孔；面对拘谨的下属，幽默上司妙语解困，缓和其紧张的心情；枯燥的会议，因幽默的职场达人而谈笑风生。即便是参与紧张的商业谈判，在激烈的讨价还价之余，适时来点儿幽默，对顺利地达成协议也大有助益。

幽默的人，更容易令人亲近；幽默的人，使接近他的人有机会享受轻松愉快的气氛；幽默的人，能为自己的人生增添更多的光彩。反过来，一个不苟言笑、缺乏幽默感的人，其人际关系通常会大打折扣，人们见了他也会敬而远之。

学校里一位新来的老师要上观摩课，听课的除了有第一次见面的学生，还有学校教务处的领导。为了消除彼此之间的陌生感，老师在讲课之前先做了一个自我介绍，他说："我来自美丽的沿海城市深圳，我姓钱，不是'前途'的'前'，是'没有钱'的'钱'。"一句幽默的开场白瞬间把同学们和在场观摩的老师们给逗笑了，老师跟大家的距离也因此缩短了许多。随后，老师抑扬顿挫，娓娓道来，课堂上时不时传出愉快的笑声和热烈的掌声，大家如同久别重逢的老朋友，一见如故，教学效果也非常不错。

幽默具有极大的包容量和亲和力，它不仅可以使人轻松营造和谐的氛围，更可以迅速缩短人与人之间的心理距离，达到人我交融的美好境界。

抗战胜利后，张大千准备从上海返回四川老家。临行前众好友设宴为他饯行，并特邀梅兰芳等人作陪。宴会伊始，大家请张大千坐首座。张大千说："梅先生是君子，应坐首座，我是小人，应陪末座。"梅兰芳和众人都不明白他的意思。

张大千解释道："不是有句话'君子动口，小人动手'吗？梅先生唱戏是动口，我作画是动手，我理该请梅先生坐首座。"满堂来宾为之大笑，并请他俩一起坐首座。

张大千自嘲为小人，表面上看是自贬，实则"醉翁之意不在酒"，这句幽默的解释既表现了张大千的豁达胸怀，又营造了宽松和谐的交谈氛围。

幽默是一种智慧的表现，拥有幽默感的人到哪里都受人欢迎。它不仅能化解许多人际关系中的冲突或尴尬，还能给别人扩大其思维的余地，以便有机会反躬自省。幽默的神奇之处，在于它可以使人怒气顿消，雨过天晴，可以带给别人快乐，缩短人与人之间的距离。

让幽默表现出你的风度

幽默心得 在日常生活中，幽默的话语往往能让朴实无华的表达多一些变化，多几分惊喜，让听者在交谈之中感觉到你的良好风度，让大家更乐于跟你成为朋友。

语言是展示个人风度的最主要形式。在社交场合中，幽默风趣的谈吐往往能为你的个人形象加分，从而让你更容易结交朋友，令你的人际关系更加和谐。掌握了幽默智慧，你不仅可以做到锦上添花，还可以给人雪中送炭的温暖。

在"中国第八届电影金鹰奖，《大众电影》第十四届百花奖"的颁奖仪式上，喜获双奖的最佳男主角、焦裕禄的扮演者李雪健，在领奖的时候对颁奖晚会现场的观众说："苦和累都让一个好人焦裕禄受了，名和利都让一个傻子李雪健得了。"话音未落，全场就响起如雷的掌声。

李雪健的致谢词将个人的良好素质和谦逊态度都表现出来。他并没有按照常规感谢导演、感谢家人，其幽默措辞不仅概括了演员与角色之间的对应关系，也表达出演员心中最真实的感受，让在场很多人都产生了共鸣，因而能够博得满堂彩。

有风度的人基本上都能够克制自己的情绪波动，保持好自己的仪态。只要我们多多留意，就会在我们身边发现很多有风度的人，他们身上充盈着一种独特的魅力。就算是在一些很小的场合，他们也能够将自身的良好素养充分地展示出来。

在一些正式的场合，人们就更需要保持自己的风度了，特别是政治人物，其形象的好与坏对其政治生涯来说极为重要。无论是面对多么不利的境况，政治人物都需要权衡利弊，尽可能地为自己和他人营造轻松愉快的谈话环境，化解紧张情绪，并时刻保持轻松平和的心态和风度。

美国布什总统有一次出席新闻发布会，当他正在台上侃侃而谈的时候，一位愤怒的记者向其投掷了两只皮鞋，以这种方式传递自己极度的愤怒与厌恶。

短暂的惊愕之后，布什总统迅速恢复平静。他挨砸之后说的第一句话是："我能报告大家的就是，这鞋子是10码的！"

在这种尴尬的情形之下，布什总统表现出来的良好风度很值得我们赞赏。假如他借此发飙的话，那他只能成为各国媒体的笑话；而他的机智作答，不仅消融了事件造成的尴尬不快，而且还展现了他作为国家领导人的风度。

幽默高手都是有修养的人

幽默心得 幽默只有扎根知识的沃土，饱吸知识的营养，才能茁壮地成长起来。所以，那些幽默高手，往往都致力于提高自己的知识修养。

有位哲人说："世界上没有哪一位伟大的革命家、艺术家是没有幽默感的。"幽默不仅是一种优美的、健康的品质，而且还是一种修养、一门学问。知识是孕育幽默的沃土，幽默是知识的产物。只有掌握了广博的知识，运用幽默才能得心应手、左右逢源。

我们一起看下面这个例子：

两个乡下财主站在村头说悄悄话儿，农夫老田见了，同他们打了声招呼就走了。忽然，其中一个财主叫住了他："黑老田，站住！"

农夫停了下来，对匆匆赶来的财主说："您有什么事？"

财主先喘了几口大气，然后无中生有地说："你打断了我们的话把子，赔三石谷，折合洋钱五十块，必须三日之内交清。"

回到家里后，老田愁眉苦脸，茶饭不进，只差没寻短见了。他的妻子问怎么回事，老田照实说了。他的妻子就说："这有什么可怕的？到时由我对付！"

到了第三天，田妻安排老田上山打柴，自己在家门口等着。那财主一会儿就来了，劈头就问田妻："你家老田呢？"

田妻不慌不忙地回答说："他到山上去挖旋涡风的根去了。"

财主一听，喝道："胡说，旋涡风哪里有什么根？"

田妻反问："那么，话还有把子吗？"

财主顿时无言以对，只得愤愤地离去了。

很明显，幽默是以知识和经验为基础的。如果想成为一位幽默家，我们就要对古今中外、天南地北、历史典故、风土人情都有所了解，就要对世间诸事都有所关注。

古人说："世事洞明皆学问，人情练达即文章。"一个人只有多读书，多阅世，多积累知识，扩大知识面，懂得并熟练地遵循说话技巧，才能登堂入室，修成幽默达人。

隋朝时，有个人学识非常渊博，但说话结巴。在闲暇无聊的时候，官高气盛的杨素常常把那人叫来说说笑话。

年底的某天，两人坐在一起闲聊，杨素开玩笑地说道："有一个大坑，深一丈，方圆也一丈，让你跳进去，你有什么办法出来吗？"

那人低着头，想了片刻，问道："有有有梯子吗？"

杨素说："当然没有梯子，若有梯子，还用问你吗？"

那人又低头想了一会儿，问道："是白白白白天，还是黑黑黑夜？"

杨素说道："不要管是白天还是黑夜，你能够出来吗？"

那人解释道："若不是黑夜，眼眼眼又不瞎。为什么掉掉掉到里面？"

杨素不禁大笑。又问他："忽然命你当将军，一座小城，兵不满一千，只有几天的口粮,城外有几万人围困,若派你到城中,不知你有什么退兵之策?"

那人低着头琢磨了一下,问道:"有救救救救兵吗?"

杨素说道:"就因为没有救兵,才问你。"

那人又沉吟了半晌,抬头对杨素说:"我审审审慎地分析了形势,如像您说的,不免要要吃败败败仗。"

杨素大笑不止,过了一阵,又问道:"你是很有才能的人,没有事情不懂的。今天我家里有人被蛇咬了脚。你能医治医治吗?"

那人应声回答:"用五月端午南墙下的雪涂涂涂涂上就好了。"

杨素道:"五月哪里能有雪呢?"

那人说:"五月既然没没没有雪,那么腊月哪里有有有有蛇咬?"

尽管这个人说话不利索,但他头脑反应机敏,用幽默将自己的才华体现得淋漓尽致,在权贵面前表现出了不卑不亢。

有句谚语说:"笑是力量的亲兄弟。"而幽默的笑则是有趣的意味深长的笑,它能展示出一个人的知识修养和内在力量。

借幽默打造领导力

幽默心得 从管理的角度看,幽默不仅仅是孩童的把戏、开心的笑脸,它跟提高生产效率之间是相辅相成的。运用幽默进行管理,管理者往往可以取得更好的效果。

人们都喜欢跟幽默的人一起共事。跟古板严肃的主管相比,幽默的主管更易于跟下属打成一片。有经验的主管都知道,要使身边的下属能够齐心合作,提高自己的领导力,就有必要通过幽默使自己的形象人性化。

幽默作为管理者的一种优美、健康的品质,恰如其分地运用能够激励员

工，使之在欢快的氛围中度过与你相处的每一天。那些富有幽默气质的领导、主管，往往懂得用幽默去化解许多工作中的尴尬，维护员工的自尊，因而他们身边很容易聚集一批为之效力的员工。

美国历史上的许多领袖人物，如林肯、罗斯福、威尔逊等，都是善于运用幽默艺术的高手。

一次，林肯跟一位新上任的财政部长边走边交谈。经过回廊时，一队早已等候多时、准备接受总统训话的士兵齐声欢呼起来。这位新部长一下子愣住了，不知道这是什么状况，自然也没意识到自己应该退开。

这时，一位副官连忙走上前来提醒他应该退后几步，部长这才意识到自己的失礼，当即涨红了脸。

林肯见状，马上微笑着说："白兰德先生，你要知道，也许他们根本分辨不清谁是总统呢！"

一句简简单单的话语，立刻化解了现场的尴尬气氛。

经济动荡、竞争加剧时，企业员工面临着超乎寻常的压力。对公司来说，怎样保持员工的士气，同时又能激发他们的创造性和"突破桎梏的思维"，显得比以往任何时候都重要。

据美国针对1160名管理者的一项调查披露：77%的人在员工会议上以讲笑话来打破僵局；52%的人认为幽默对开展业务有帮助；50%的人认为企业应该考虑聘请一名"幽默顾问"来帮助员工放松；39%的人提倡在员工中"开怀大笑"。一些著名的跨国公司，上至总裁下到一般部门主管，都已经开始将幽默融入日常的管理活动当中，并将它作为一种崭新的激励手段。

幽默还可以使公司的内部矛盾得以化解，使人与人之间的关系变得更为融洽。经济的衰退使公司不得不面对裁员问题时，就可以利用幽默化解裁员过程中可能出现的各种问题。在新世纪之初，美国欧文斯纤维公司曾解雇了其40%的员工，因为考虑到可能由此而引起的种种问题，该公司管理层聘请了专业的幽默顾问，利用两个月的时间对1600多名员工开展了幽默计划，在公司内进行了各种幽默活动。最后，公司所担心的聚众闹事、阴谋破坏、威胁恫吓、企图

第二章 决战社交，幽默是最佳武器

自杀等恶劣情形都没有出现。

那么，如何才能使自己成为一个幽默的主管呢？

首先，博览群书，拓宽自己的知识面。知识积累得多了，在跟各种人在各种场合接触时，自然就会胸有成竹、从容自如。除此以外，还需培养高尚的情趣和乐观的信念。一个心胸狭窄、思想消极的人是不会产生幽默感的，幽默更喜欢那些心宽气明、对生活充满热忱的人。另外，提高观察力和想象力，要多多运用联想和比喻。作为一名企业主管，要有意识地训练自己对突发状况的反应速度和应变能力。如多参加社会交往，多接触形形色色的人，都可以增强管理者的社会交往能力和幽默感。

作为一种质朴乐观的人生态度，幽默总是能使人在逆境中乐观，在顺境中忧患。如今，国外的一些企业、公司、学校将有没有幽默感列为选择工作人员的必备条件之一，因为具有幽默感的口才是衡量一个人社交能力的重要指标。身为企业中坚力量的领导者，当然更应具备幽默这种必备的素质。如果一个领导者谈吐风趣，具有幽默口才，那他肯定易于博得广大群众的好感，也往往具有随机应变的能力，能婉言地道出难以启口的问题，能使自己所领导的团队变得友好与和睦，并成为团队的精神领袖。

幽默是一种创造性的本领，最关键的就是随机应变，要依据对象、环境以及刹那间的气氛来定。当然，有些技巧还是需要注意的：一是幽默不要太随意。幽默并不是随时随地都可以运用的，如果想取得好的效果，就要在某些特定的场合和条件下发挥。比如，在一个正式的会议上，当你的下属在发言时，你突然冒出一两句逗人的话，可能大家被你的幽默逗笑了，但发言的那位下属心里肯定觉得你不尊重他，对他的发言不感兴趣。二是幽默要远低俗、近高雅。三是不需要幽默时不要硬幽默。假如当时的条件并不完备，你却要尽力表现出幽默，其结果往往会勉为其难，对方也不知该不该笑一笑。这样，双方都会陷入尴尬的境地。

我们还要学会善待自己，善待他人，善待生活中的失败、痛苦，甚至身体方面的缺陷，假如你能换个角度去思考，用有趣的思想、轻松的心态去对待，那么你的生活就会充满阳光，你本来忧郁的心情也会变得明朗。

在竞选演讲中，一位肥胖的女政治家曾经自我解嘲："有一次我穿上白色

的泳装在大海里游泳，结果引来了苏联的轰炸机，他们以为发现了美国的军舰。"结果在笑声中，选民反而不把她的肥胖当成一回事，使她在竞选中处于优势。

培养自己的幽默才能，一定要在刚开始就把握好分寸和尺度。尤其是担任一定职位的领导人，一言一语都非同小可，假如不慎过了头，非但起不到好的作用，而且可能会适得其反，甚至会产生极其恶劣的后果。

幽默最能提升魅力指数

幽默心得 在西方文化中，衡量一个人是否具有人格魅力的重要因素就是幽默感。魅力人生，从幽默口才做起！

著名的好莱坞笑星迈克·梅尔斯用自己独特的魅力征服了整个世界，在他很小的时候，他父亲就开始帮助他选择身边的朋友，假如哪个孩子不够幽默，老梅尔斯便不让他进自己家里来玩，他的理由是："他不能到咱们家来玩，这孩子太乏味了！"

为了勉励儿子，麦克阿瑟将军曾经写过一篇《为子祈祷文》，在文中，他除了求上苍让自己的儿子"坚强勇敢、心地善良、认清事实、接受磨炼"等以外，还祈求神赐给儿子"充分的幽默感"，使他绝不自视非凡，过于拘执……

虽然这些逸闻的真实性无从考察，但它们至少说明了一点，幽默是对一个人更高层次的要求。在人性的丛林中，幽默者是很有魅力的。下面我们一起看两个例子。

在一次争夺"世界小姐"的决赛现场，主考人向一位小姐提了一个非常特别的问题："如果可以选择，请问你是愿意嫁给肖邦还是希特勒？"

该小姐停顿了片刻，然后微笑着回答："我愿意嫁给希特勒。"

就在全场一时愕然，人们纷纷替她惋惜之时，那位小姐接着说："假如我能嫁给希特勒，也许人类就不会发生第二次世界大战了。"

顿时满堂为之喝彩，这位小姐得到了所有人的支持。

一个年轻人给女友过生日，热热闹闹的生日宴会进行到高潮时，他的一位毛手毛脚的同事喝多了，无意中撞到了桌子，几个酒杯应声落在地板上摔碎了。

大家面面相觑，觉得很不好，一时间气氛紧张起来。令大家没想到的是，年轻人不慌不忙地拥抱了女友，然后说："亲爱的，这是祝福你落地生花，岁岁（碎碎）平安呢！"

女友瞬间心花怒放，激动地给了他一个吻，宴会也恢复了欢歌笑语。

对于周恩来总理的幽默，想必很多人都耳熟能详，他的语言机智敏捷又寓意深刻，在外交场合发挥了不可忽视的作用。

新中国成立初期，国内经济还处于复苏阶段。在一次记者招待会上，某个外国记者向周恩来总理提出一个敏感的问题："请问总理阁下，中国人民银行有多少资金？"意在当众嘲笑中国贫穷，靠发行钞票维持市场的运作。

周恩来总理看了一眼那位记者，然后一板一眼地说："据我所知，中国人民银行的货币一共有18元8角8分。"这个数字令在场的中外记者全都愕然。稍停片刻，周恩来总理又做了进一步解释："中国人民银行迄今发行了面值为10元、5元、2元、1元、5角、2角、1角、5分、2分、1分这10种主币和辅币，合计为18元8角8分。"

货币发行量是衡量一个国家通货膨胀水平的重要尺度，属于国家绝密，哪里能轻易公之于众？然而，作为一国总理，既不能将这个问题推给主管单位去应对，又不便以"无可奉告"搪塞过去。总理的回答不仅巧妙地避开了锋芒，还展示出自己从容不迫的风度，进而赢得了与会各国记者的尊敬和爱戴。

幽默的魅力，就像空谷幽兰，看不到它怒放的样子，却能闻到它清新淡雅的香味；又如同美人垂帘，不能目睹美人之容貌，却能听到婉转娇媚之声音，给人留下无限想象的空间……

第二节 化窘解难，做一个幽默的精灵

出糗不可怕，只要大家开心就好

幽默心得 发生了糗事后，很多人都尴尬不已，恨不得马上找个地缝钻进去。其实，在出糗时，我们完全可以变被动为主动，主动幽自己一默，让大家一起开心一下。

一个人的糗事通常具有极其强大的娱乐效果和励志效果。举个例子，你不小心在朋友面前摔倒了，如果选择红着脸偷偷溜走，大家可能会一直记得这件事；如果你气定神闲地爬起来，然后问问周遭的人："我的屁股是不是成两瓣了？"那大家听了肯定会哈哈一笑，之前那种出糗、尴尬的氛围也会一扫而空，大家对你的印象自然也会加深。假如你是位女士，提"屁股"有伤大雅，那你可以在站起身后自嘲一句："这一跤跌得难看，但我起来的姿势还是非常淑女吧？"

一般来说，越是在出糗的危急关头，就越能考验一个人的幽默能力，因为这时没有时间搜肠刮肚想招数，又必须在最快时间作出反应。假如你不能迅速转移尴尬，一下子找不到那个无伤大雅的"笑点"，那就选择厚着脸皮拿自己开涮吧！连弗洛伊德都说："最幽默的人是最能适应的人。"

在一次南非发展共同体首脑会议上，南非前总统曼德拉接受了南共体授予他的"卡马勋章",并发表了一段重要的演讲。讲到一半时,曼德拉突然发现讲稿的前后页顺序对不上了,急忙来回翻看,可一时找不到正确的页码。

这时,整个会场寂然无声,曼德拉也嗅出了空气中的尴尬味道,便不慌不忙地说:"我把讲稿的次序弄乱了,你们要原谅一位老人。不过,我知道在座的一位总统一次发言时把讲稿次序弄乱了,而他自己却不知道,照样往下念。"

曼德拉说完,整个会场笑声一片。不过,曼德拉还觉得不够,他又接了一句说:"其实,讲稿不是我弄乱的,秘书是不应该出现这种错误的。"

于是,刚刚止歇的笑声又一次响起,大家连连鼓掌,会场里响起热烈的掌声,满堂喝彩。

曼德拉的幽默感仿佛是与生俱来的,不仅毫无哗众取宠、故弄玄虚之嫌,反而像是跟你自然地闲话家常。就算不小心出了糗,他也脸不红心不跳,而是主动放低姿态,请大家原谅一位脑筋糊涂的老人。一位年过八旬的老人提出这样的要求,谁还忍心责怪呢?不过,曼德拉更厉害的,在于他在道歉之后还能沉着冷静地将"战火"引到别人身上,使自己的错看起来微不足道。当然,要想在出糗后来个幽默,话语间必须要衔接自然,否则很难化解窘境,甚至可能会让局面更加拘谨尴尬。

其实,这辈子有几个人没出过糗呢?比如众目睽睽下摔个屁墩儿啦,方便后忘记给裤子"关门"啦,去餐馆吃大餐却没带钱包啦……这些都会让你陷入尴尬,可接下来周遭人们那肆无忌惮的大笑,可能会让你想马上找个地缝钻进去。于是,你就像个小丑,可怜巴巴地变成了笑话,让你的糗事看起来更"糗"。其实,"糗"不"糗"并不在别人,而在你自己。

如果把出糗当做大事,你自然幽默不起来;如果你心理健康、乐观豁达,幽默感自然会跟在你的身后。很多时候,出丑并不是件坏事,比起无可挑剔的人来说,有些小缺点的人更显得真诚、可信,自然也会在人际交往中更有魅力。

一次,白宫举行钢琴演奏会,里根总统正在进行演讲。当演讲进行到一半时,他的夫人南希不小心连人带椅跌落在台下的地毯上。

在观众的惊叫声中,第一夫人灵活地爬了起来,伴随着两百多名宾客热

烈的掌声，南希尴尬地回到了自己的座位上。

南希的这一跤，不仅让南希自己觉得没有面子，就连里根总统也觉得有几分尴尬。他见夫人并没受伤，便诙谐幽默地说："亲爱的，我告诉过你，只有在我没有获得掌声的时候，你才应这样表演。"

观众席爆发出热烈的掌声，里根夫妇的尴尬也就此化解。

南希的摔倒，让这对夫妇陷入了尴尬。这种时候，假如里根总统一言不发，就会显得夫妻关系不够融洽，不仅第一夫人感觉难堪，就连台下的人也会觉得不快。可是，如果他埋怨南希，或是埋怨会场布置疏忽，可能就会显得他小题大做、风度不佳。于是，里根总统编造了一个小故事，不仅化险为夷，给了南希和自己一个台阶下，更显露了个人的幽默、豁达，拉近了跟听众的距离。出糗后找借口可以天马行空，不着边际，因为没人会去计较真假，只要能够在当下将大家的注意力转移，让气氛不那么尴尬，就算大功告成了。

一般来说，只要出糗者能够镇定自若，那周围看笑话的人也会觉得此事不严重。假如出糗者先自乱了阵脚，往往就会让人觉得懦弱，并且会让自己陷入尴尬之中。

舌灿莲花，有了过失巧辩解

幽默心得 同样是药丸，外面裹上糖衣的药能让人更轻松入口。同样，出现过失的时候，跟直接道歉相比，幽默地为自己辩解更容易让人谅解和接受。

在生活中，谁都会犯错误，这时候要是能来上几句幽默，就有可能使自己的过失得到适当的淡化，走出尴尬境地。

有一个人在路上骑自行车，结果不小心骑到了道路的左边，正巧和迎面

第二章 决战社交，幽默是最佳武器

驶来（骑自行车）的一位男青年相撞。

估计那位男青年被撞痛了，火气很大，张嘴就嚷："你学过交通规则没有？骑车为什么不靠右边走？"面对男青年的盛怒，这个人却不慌不忙地笑着说："要是所有人都靠右行，那么左边的路不就空着了！"

这句地地道道的"幽默狡辩"把男青年给逗笑了，也把自己的过失给冲淡了，男青年满肚子的火气似乎都随着笑声消散了。

后来，这个人又微笑着向男青年表示道歉，男青年愉快地接受了，客客气气地道别之后，两个人各自回家了。

一场可能发生的冲突，就这样被一句幽默给排解了。

一位妻子怒气冲冲地给自己的丈夫打电话，着急地喊："都几点钟了，你怎么还没有去车站接我妈？"丈夫这才想起接人的事情，灵机一动有了，他对妻子说："我不敢去啊！"妻子问："为什么？"丈夫慢条斯理地说："你上个月规定的我除你之外不准接触任何女人的禁令还有效吗？"妻子听了哭笑不得，一腔怒火也化作一句嗔怒。

在接到电话的时候，丈夫才想起自己忘记去接人，面对妻子的咄咄逼问，明知是自己的过失，但又不甘于被狂轰滥炸。于是，拿妻子"不准接触任何女人"的禁令说事，从侧面找到了一个全身而退的借口，还间接地表达了自己对妻子的忠贞，可以说歪打正着。

如果丈夫不懂得"转移角度"的窍门，对妻子的数落给予反驳，很可能会引起夫妻之间一场口角，那样岂不是两败俱伤了吗？

有一次偶然的机会，马克·吐温与雄辩家琼西·得彪同时应邀参加一个晚宴。席上演讲开始了，马克·吐温妙语连珠，情感丰富地讲了20分钟，赢得全场观众的热烈掌声。

轮到得彪上台演讲时，他突然发现自己的演讲稿不知去向了，要是硬着头皮凭记忆讲下去，不但会远远输给马克·吐温，而且自己在公众心目中的

形象也会因此大打折扣。

稍作思考之后，得彪站起来走到台上，环顾满怀期待的台下听众，他面有难色地说："诸位，实在抱歉，会前马克·吐温先生约我互换演讲稿，所以诸位刚才听到的是我的演讲，衷心感谢诸位认真地倾听及热情地捧场！然而，不知何故，我找不到马克·吐温先生的讲稿了，因此我无法替他讲了。请诸位原谅我坐下。"

场下的观众先是一愣，旋即爆发出热烈的掌声。

马克·吐温精彩的演讲使得彪处于一个心有余而力不足的位置上，这种情形下得彪的演讲只能超越而不能逊色或者与他打平手。聪明的得彪避开正面锋芒，利用一个幽默的"谎言"巧妙地掩饰自己的过失，甚至在某种程度上超出了马克·吐温。

巧言妙语解危机

幽默心得 在生活中，我们会处在很多对我们不利的场合，假如我们能借助巧妙幽默的语言予以化解，那么我们就可以把握局势，化解危机。

语言是千变万化的。同样的一句话，用不同的语气说出来大不一样。同样的意思，因为表述的不同也会产生截然不同的效果。因此，我们在遇到麻烦时，要学会用巧妙的语言对待生活中的不顺，将危难中的事、尴尬的事，用巧妙幽默的语言轻松化解。

莎士比亚曾经说过："幽默和风趣是智慧的闪光。"他说得很对，幽默的确是人类智慧的结晶，是一种机智巧妙的语言艺术。幽默往往蕴藏着深刻的意义，给人们有益的启迪。遭遇尴尬的情况下，可用巧妙的语言，机智地摆脱那种对自己不利的局面。

第二章 决战社交，幽默是最佳武器

一次，一位司机开车拉着领导到另一座城市里，路途很远。走了一段路程之后，司机准备下车方便。当时恰好是冬天，很冷。领导看了看外面的天气，再看看离车并不近的厕所，他不想去。

拔下车钥匙，司机一个人去了。汽车拔下车钥匙后，空调就关闭了，不巧的是司机肚子坏了，他进到厕所里不出来了。领导坐在车里很冷，因此领导非常不高兴。等司机回来，领导就对司机发脾气："你下车拔车钥匙干什么？"

司机有苦难言。原来这车的自动锁出了故障，关上门后几秒钟就落锁，司机的车钥匙被锁到车里好几次。但见到领导冻成那个样子，他想如果现在解释车有毛病，肯定会让领导认为自己是在找借口。

小伙子冲领导笑了笑，说："自从本·拉登袭击美国后，我们干什么事都得防着点啦。"领导坐在后面苦笑着摇了摇头，但看得出，先前的不快已经烟消云散了。

显而易见，假如那位司机实事求是地向领导说这车有什么故障，很容易让领导觉得他是在找借口。即便领导嘴里没有说什么，他对这位司机的印象也会有所改变。

假如那位司机费了很多口舌说了这车有什么故障，然后再手忙脚乱地向领导演示一下这车的毛病。然而，却非常可能出现这样一种情形，那就是平时经常出现的毛病，这时却奇迹般地好了起来。果真如此，那这司机就是跳进黄河也洗不清了。你能想象你在实际工作中碰见这种情形的后果吗？

有时候，可能你遇到的情形比这种尴尬还要危急，因为有些情形不仅是尴尬的问题，如果处理不好，会关系到自己一生的命运。

在很久以前，有一位皇帝突发奇想，想考考他的大臣是不是机智聪慧。于是，他就在朝堂上问众大臣："有谁知道，皇宫前面水池里的水一共有几杯呀？"

有个机智的大臣思考了一会儿，回答说："假如杯子跟水池一样大，就是一杯；假如杯子只有水池的一半大，那就是两杯；假如杯子只有水池的三分之一大，那就是三杯；假如杯子只有水池的四分之一大，就是四杯……"

听完这位大臣的话，皇帝满意地点头称赞，并奖赏了这位大臣。

这位皇帝突然心血来潮，要人说出皇宫门前的水池有几杯水，这确实是一个刁钻的难题。面对这一难题，机智的大臣并没有直接作答，而是先说杯子，他先假定杯子的大小，然后给出巧妙而又无懈可击的回答，实在令人佩服。

生活中免不了会有论辩，如果在论辩中巧用幽默，就可以在戏谑、诙谐、风趣、愉悦之中取得论辩的胜利，并且使对方心悦诚服地甘拜下风。

美国有一家大百货商店，门口有一块大的广告牌子，上面写着："无货不备。如有缺货，愿罚10万。"

有一个人很想得到这笔资金，便去见经理，开口就说："潜水艇！在什么地方？"经理带他来到第22层楼，当真有一艘潜水艇。他又说："我还要看飞行船。"经理又带他到第9层楼，一看，确实有一飞行船。这个人还是不肯罢休，问道："可有肚脐眼长在脚下面的人？"

他以为这一问，经理必然会被难住了。谁知经理声色不动，平静地对旁边的店员说："你来一个倒立给这位客人看看！"

经理也知道这位客人是在故意胡搅蛮缠，但他灵机一动，想出了这样一句巧妙而幽默的话，立即就将对方的气焰给压下去了。

在某些特定场合，恰当地使用幽默答辩术，营造轻松愉快的氛围，能使对方在忍俊不禁之中消除对抗情绪，进而取得论辩的胜利。比如：

古时候，有一位姓邢的进士，他生得身材矮小。一日，在鄱阳湖遇到强盗。强盗已经抢了他的钱财，还准备杀了他。就在强盗举起刀之时，邢进士以风趣的口吻对强盗说：

"人们已经叫我邢矮子了，若是砍掉我的头，那不是更矮了吗？"

强盗被他的机智给逗笑了，放下了刀，饶了邢进士一命。

遇到凶恶的强盗，而且又在寡不敌众的形势下，如果硬与对方锋芒毕露地进行争辩，只会使形势恶化，加速自己的死亡；而邢进士巧用一句幽默话，却令凶残的强盗哑然失笑，放下了屠刀！可见，幽默的确是危难之人的福星。

第二章 决战社交，幽默是最佳武器

让我们一起"荒谬"到底

幽默心得 日常交际中，面对他人的谬论，假如我们一本正经地摆事实、讲道理，通常是徒费口舌。如果顺着对方的言辞荒谬下去，采取将错就错、以歪制歪的策略，反而能够在幽默中成功反击。

在辩论中，我们经常看到以谬制谬的影子。比如，一方为了驳倒另一方的错误论调，便首先假设对方的观点是正确的，然后以此为依据，用语言或者行为按逻辑顺序推出一个明显错误的结论，让对方意识到自己的错误所在。再加上以谬制谬有一定的幽默效果，要是应对得当，不仅可以有力地推翻对方的命题，而且还能一展自己的幽默身手，不伤和气地胜出。

我们先来看一个阿凡提的故事：

一位星象家闲来无事，跑去找阿凡提的麻烦："阿凡提，都说你才智过人，我很想见识一下。我想要在白天见到星星，你能帮我做到吗？"

"能，你40天内不要吃有油、有肉和有盐的饭，等到第41天，你就会幸运地看到星星了。"阿凡提一副非常认真的样子。

于是，星象家照着阿凡提的话做了。等到第41天的时候，他已经衰弱得一点儿力气也没有了，一见阿凡提就问："我的确看到星星了，好多小星星在我眼前乱飞，不过，我怎么不见太阳出来呢？"

读这则故事的过程中，当读到"看到了"的时候，大家就会忍不住会心地一笑；当看到星象家的反问——"怎么不见太阳出来呢"，更会捧腹不已，此时，整则故事也达到了幽默的高潮。

阿凡提所使用的幽默方法，就是典型的以谬制谬法。这种方法虽然看似荒

谬，却可以帮助我们谬中求胜，在展示自己幽默诙谐的同时，趁机把对方推入无言以对的境地。就这一点来说，以谬制谬法一点儿也不荒谬，反而是我们在困境中反败为胜的有力武器，而且能反映出个人的智慧和幽默。

如果遇到一个蛮不讲理的主儿，当他跟你胡搅蛮缠、没完没了，让你无语以对的时候，不妨用以谬制谬来对付他。

一次，乔治·费多到餐厅里用餐，点了他最钟爱的龙虾。

过了一会儿，女服务员端来一只龙虾，费多正准备大快朵颐，突然发现那只龙虾少了一条腿。

"请问，这是怎么回事？"费多指着龙虾询问服务员。

"哦，蓄养池里的龙虾爱打架，被打败了的通常就会变得残肢少腿。"服务员面不改色地解释道，"请您原谅，这是龙虾的错！"

这样的歪理当然无法让费多信服，他微笑着说："既然如此，快把这只失败者端走，把那只斗赢的成功者送来！"

服务员的狡辩荒谬无比，明明是饭店服务不周，可她却将罪责推归为龙虾之间的互斗。费多清楚，要是直接否决服务员的说法，她肯定会跟自己狡辩、强词夺理，最终闹得自己很不愉快。于是，他选择以谬制谬，先假设服务员的理由是"对"的，然后提出一个表面看来"合情合理"，实则"大谬特谬"的要求，"把那只斗赢的成功者端来"这一表述虽然荒谬，但在服务员的思维逻辑中却是合情合理的，从而把尴尬推给了狡辩的服务员。

这种幽默技巧具有实战性，只要我们将对方的谬论加以利用，跟对方一起荒谬到底，我们就可以在语言的交锋中略胜一筹。

马克·康奈利是一个秃顶。

在一个公众场合，有人故意讥笑康奈利的秃头，对方不怀好意地摸着他的头顶，然后说："伙计，你头顶摸上去就像我老婆的臀部一样光滑！"

这番话引来一阵哄笑。不过，康奈利并没有就此认输，他故作疑惑地看了那人一眼，然后用手摸摸自己的头顶，说道："确实如此，摸上去真的很像

第二章 决战社交，幽默是最佳武器

你老婆的臀部！"

面对无礼的嘲讽，康奈利没有默不作声，没有进行无谓的辩解，更没有恶语相向，而是针对那人的攻击，以谬归谬、借力打力，顺着对方的意思往下说，一下子就反败为胜，甚至还讨了个大大的便宜，让对方吃了个哑巴亏。

以谬制谬法跟以牙还牙有相通之处，都给予对方强力回击；不同的是，以谬制谬是刻意以荒谬对荒谬，把对方的话加以深化，程度意味更深，幽默意味也更加浓厚。而单纯的以牙还牙，就没有这种幽默意味，而且还容易引发事端。

奥多尔·冯达诺在柏林做编辑时，曾收到一位青年作者寄来的习作。这篇习作写得非常拙劣，更让冯达诺郁闷的是，习作通篇找不到标点符号。为此，该青年作者还大言不惭地附言道："我对标点是不大在乎的，如有需要，请你自己填上吧。"

后来，冯达诺将稿件退了回去，并在退稿信上写道："下次来稿请只寄些标点来吧！诗由我自己填好了。"

很明显，这位青年作者是一个浅薄无礼的人。试想一下，有写附言的时间，给文章添加几个标点还不是手到擒来？可他没有添加标点，甚至觉得自己的举动理所当然。于是，冯达诺想出了一个极具讽刺的主意：学着青年附言的语气，写了那样一封诙谐有趣的退稿信。退稿信短小精练，语言听起来也十分平和有礼，但这言语所蕴含的讽刺效果却非常惊人，如今读来都有些忍俊不禁。

在使用这一幽默方法时，大家要注意应该先假装肯定对方的说法，然后沿着他的错误论调推下去，推出另一个连对方自己也无法接受的荒谬结论。简单来说，就是先找准错话，然后肯定对方的错误，最后反戈一击，使对方的谬论不攻自破，同时制造出极强的幽默效果。

值得一提的是，以谬制谬法用来对付爱吹牛的人非常合适。对方吹牛的时候，我们可以冷静沉着地附和，本来他只吹了一半牛皮，我们要帮他把牛皮吹破。比如，一个人不停吹嘘自己如何如何富有，你倒不妨顺着他的意思，把他捧得比比尔·盖茨还要富有。局面发展到那个地步，想必明眼人都会哈哈一

笑，对真相也能心知肚明。

难得糊涂，糊涂也幽默

幽默心得 郑板桥有一句名言："难得糊涂。"在某些场合中，幽默的糊涂方式通常能够使人聪明地从困窘中解脱出来。很多时候，智慧就隐藏在假装糊涂的幽默中。

俗话说："常在河边走，哪能不湿鞋。"在生活中，谁都免不了会遇到一些意想不到的事情，如果处理不好，着实使人尴尬万分。遇到这种情况时，想要化解难堪，假装糊涂、幽默应变是一个好办法。

杰西自称是个好猎手，他常对认识的人讲起他神奇的枪法。一天，他的朋友来邀他一起去打猎。来到河边，朋友指着游来游去的野鸭子，对他说："快举枪瞄准呀！"

杰西连忙端起枪来射击，可是没打中，野鸭子飞跑了。他很纳闷地对朋友说："先生，我这是第一次看到死鸭子还能飞哩！"

谁都知道死鸭子是不能飞的。杰西借糊涂掩饰自己射死了鸭子，荒诞中不失俏皮，用一句话使自己摆脱了窘境。

从表面看，"糊涂"一词是贬义，但它其实有很多深意，除却糊涂愚钝、不甚精明之外，它还蕴含有大智若愚的意思。在幽默的国度里，只要运用得当，"糊涂"也可以展示一个人的大愚若智。

王安石有个儿子叫王元泽，从小就聪颖过人。有一天别人问他："关在一起的两个动物，哪个是獐，哪个是鹿？"小元泽虽然从来没有见过这两种动物,但他却并不含糊,小家伙回道:"獐旁边的那只是鹿,鹿旁边的是獐。"

王元泽似是而非的回答的确毫无破绽,这就是对幽默糊涂的最好注解。明明含含糊糊,表述却清清楚楚,以幽默的方式将难题迎刃而解,无法不让你拍案叫绝。

糊涂幽默仅仅是使人摆脱窘境的抹油快鞋吗?当然不是。在某些场合,不辨是非黑白、混淆词义的糊涂很好用,它往往能毫不费力地将事理越辨越明。

牛津大学有一个叫艾尔弗雷特的年轻人,因为有点诗才而成为全校的名人。一天晚上,他在同学们面前朗诵了一首自己创作的新诗。同学中有个叫查尔斯的说:"艾尔弗雷特的诗我特别感兴趣,不过,它是从一本书中偷来的。"

后来,这话被艾尔弗雷特听到了,他非常恼火,要求查尔斯向他赔礼道歉。查尔斯说:"我说的话,很少收回。不过这一次,我承认是我错了。我本来以为艾尔弗雷特的诗是从我读的那本书里偷来的,但我到房里翻开那书一看,发现那首诗仍然在那里。"

查尔斯把诗句抄袭和物品偷窃糊涂地混为一谈,看似无厘头,却更为清晰地指出了艾尔弗雷特抄袭的事实。糊涂是一种人生智慧,其中渗透着幽默的哲理。就像莎士比亚在其著作《第十二夜》中,借主人公薇奥拉所说出的那一句话:"因为他很聪明,才能装出糊涂人来。彻底成为糊涂人,要有足够的智慧。"

谈判也幽默,气焰高不一定能赢

幽默心得 谈判中采取幽默的姿态,不仅能够钝化对立感,营造友好和谐的会谈气氛,而且还能在不经意的话语中埋下机关,在笑谈中有力维护自己的权益。

对谈判的双方来说,最重要的就是相互尊重。无论双方代表在个人身份、

地位上有多大差异，他们所代表的组织在力量、级别等方面是否强弱悬殊、大小不均，一旦坐到谈判席的两边，就都是平等的。

在谈判的过程中，经常出现这样的情况：有的谈判代表自恃地位高贵，或背后实力强大，在会谈中傲慢无礼，对另一方挖苦攻击，试图在气势上占据上风，迫使对方屈服；也有的代表缺乏自身涵养，谈判不顺利时恼羞成怒，对另一方侮辱谩骂。这种时候，假如想不辱使命，不失气节，又不致激化矛盾，使谈判夭折，被攻击的一方可以使用幽默语言回敬无礼的对手，杀住其高涨的气焰。

战国时期，齐国大夫晏子出使楚国。楚王准备在接见他之前先侮辱他一番，借机来挫一挫齐国的威风。楚王派人把城门紧紧关闭，然后在城门的边上凿了一个只能容一人通过的小洞，让晏子从这个小洞钻进城内。换了别人，可能会大发脾气或怒而返回，那样就难以完成使命了。

晏子只是淡淡地一笑，说："只有出使狗国的人才从狗门进去，现在我是出使堂堂的大国楚国，怎能从这样的狗门进去呢？"楚王听说后无言以对，只好命人大开城门——把晏子迎进都城。

楚王接见晏子时，见他身材矮小，就挖苦他说："难道齐国没有人了吗？"

晏子随口答道："齐国临淄大街上的行人太多了，一举袖子就能把太阳遮住，流的汗像下雨一样，人们比肩接踵，怎么会没有人呢？"

"既然有这么多人，怎么会派你这样的矮子为使臣呢？"

"我们齐王派出使者是有标准的，最有本领的人，派他到最贤明的国君那里去。我是齐国最没出息的人，因此被派到楚国来了。"

面对楚王对自己的人身侮辱，晏子气定神闲，从容反击，他顺着楚王的话贬低自己，抬高自己的国家，同时有力地奚落了楚王，使气势凌人的楚王无言以对。晏子凭借自己的机智和雄辩，打击了对方的嚣张气焰，维护了国家和个人的尊严，从而为后来的谈判营造了平等互利的氛围。

1984年秋天，我国外交部副部长周南和英国代表伊文思就香港主权的收复问题再次举行会谈。在谈判之初，周南笑着对英方代表说：

"现在已经是秋天了,我记得上次大使先生是春天前来的,那么就经历了三个季节了:春天、夏天、秋天——秋天是收获的季节。"

表面上看,周南是就英方代表来华的时间,进行关于自然现象的闲谈,但对话双方都明白,此话暗含着另外一层意思:谈判已进行了很长一段时间,到了该得出明确结论的时候了。周南这番话讲得自然得体,不仅融洽了气氛,还表明了我方的意向和决心。

在外交场合,老练而有素养的谈判代表常用一些幽默含蓄的辞令来委婉表达自己的意见。这些暗示语的真正含义通常指向关键性问题,而用这种表面温和的方式表达出来,可以使会谈气氛显得轻松、文雅,从而使实质内容的尖锐所造成的紧张情势有所缓解。

一对未婚男女在别人的介绍下约会。

姑娘问男青年:"你有奔驰吗?"男青年摇摇头:"没有。"

"你有洋房吗?""没有。"

姑娘讪笑道:"如此看来,我们两个人也没有缘分!"男青年无可奈何地起身,自言自语道:"难道非要我把宝马换成奔驰,把二百平方米的别墅换成洋房吗?"

面对这位嫌贫爱富的姑娘,男青年用调侃的语气回敬了她,貌似不经意,实则是对女孩势利心的讥讽。听完这位男青年的"自言自语",相信女孩必然会后悔自己有眼无珠,同时也会为自己的无礼言语反思。

幽默反击,以彼之道还施彼身

幽默心得 面对别人的言语攻击,我们要是与其争吵往往有失风度,如果能够

给对方以优雅一击，直中其要害，才是不伤和气的反击。最好的方式就是抓住对方攻击的关键点，幽默地杀一个回马枪。

每一次言语的碰撞交锋，都离不开智慧和幽默的对比。以彼之道还施彼身的幽默反击能轻松助你智慧脱身，让对手陷入自取其辱的境地，可谓是一幕情节跌宕起伏的人生剧目，极其可观。

这种幽默技巧可以让人在轻松愉快的气氛中摆脱尴尬，逆转劣势。在必要的时候，使出幽默这一撒手锏，以其人之道还治其人之身，能起到反戈一击、反败为胜的效果，令故意刁难者措手不及。

一个城里人，碰见一乡下人，向他发难："请问这位老乡，你有几个令尊？"

乡下人假装不知，反问："令尊是什么？"

城里人狡猾地曲解："令尊就是儿子。"

乡下人故作无知地反问："噢，那么请问您有几个令尊？"

城里人无言以对。

乡下人步步紧逼，安慰城里人说："原来您膝下无子。我倒是有两个儿子，可以过继一个给您当令尊，不知可否？"

城里人扫兴而去。

城里人自恃有几分见识，欺负乡下人知识浅陋，企图取笑一番，而乡下人则以过人的智慧予以反驳，其语言恭敬但设下一个又一个陷阱，让城里人搬起石头砸了自己的脚。这位乡下人运用以彼之道还施彼身的幽默技巧，巧用"令尊"一词进行反击，为自己解了围，也维护了自己的尊严。

下面故事中的女明星也借幽默的语言展示出自己过人的智慧和应变力。

英国电影女演员布雷斯韦特靠漂亮和演技赢得众多的支持者。此外，她伶俐的口齿也让人佩服。

在一次聚会上，某戏剧评论家有了单独跟布雷斯韦特小姐聊天的机会，他想开个玩笑，便对她说："亲爱的小姐，我有个想法已经搁在心里很久了，今天就对你坦诚直言吧。在我眼中，你可以算作我们联合王国里第二位最漂亮的夫人。"

评论家觉得布雷斯韦特听了此话，必定会问他有幸荣登榜首的是哪一位了。出乎他的意料，布雷斯韦特微笑着说："谢谢你，亲爱的先生。我在第二流最佳评论家这里，也就只希望听到这种评价了。"

戏剧评论家调侃布雷斯韦特不是英国最漂亮的女人，当然此话中玩笑成分更多一些，而布雷斯韦特也不甘被调侃，其幽默地反击了自作聪明的戏剧评论家，认为他的评论级别也是二流水准。这句回答一语双关，不仅表明她对该评论家的意见并不在意，还对评论家的肤浅调侃给予了尖锐反击。

普通的乡下人与聪明的女明星都不是术业专攻，其灵活的应变力和反戈一击多凭借现场的临时发挥；而那些以语言为职业的专业人士，因为在生活中积累了大量的素材和经验，所以在面对攻击时能更轻而易举地击败无礼之辈。

在一次盛大的晚宴上，某位年轻人趾高气扬地问萧伯纳："您是萧伯纳先生吧？听说您的父亲只是个裁缝？"

萧伯纳微笑着说："是的。"年轻人又问："那……您为什么不学他呢？"

萧伯纳笑看了年轻人一眼，问道："听说你父亲是个谦谦君子？"年轻人挺了挺胸膛，高傲地说："对。"

萧伯纳接着问："那你为什么不学他呢？"

这就是传说中的"以子之矛，攻子之盾"，是以彼之道还施彼身的精髓所在。年轻人嘲讽萧伯纳出身低贱，而幽默大师萧伯纳对此不予置评，而是转而批评他的教养，并且借用年轻人的句式和用语。萧伯纳巧妙地运用了幽默的智慧，用这位年轻人的攻击之术轻松地杀了个回马枪，回击了其傲慢无礼的态度，使年轻人碰了一鼻子灰。

第三节 当众说话没问题，幽默为你来解忧

凤头，给演讲一个幽默的开场白

幽默心得 当你用幽默来作为演讲的开头时，你也就抓住了听众的心，吸引了他们的注意力，并且跟听众建立了友好的关系。不过，当你逐渐进入演讲的主题之后，幽默还是不能缺席的。

写作文的时候，有凤头猪肚豹尾一说，在演讲中也是如此，开场白精不精彩直接影响到演讲的成功与否。一般来说，大部分开场白都采用速成法，就是在开场时迅速抓住听众的注意力。这方面有时可以利用听众的逆反心理，比如：

演讲者："我只有10分钟的发言时间，先生们、女士们，我从什么地方开始说起呢？"这种情况下，听众们多半会附和："从第9分钟说起。"

这时，我们就可以讲一个前无头、后无尾的事例，听众自然觉得不满意，这样势必鼓动你说顺通些，于是你也就间接实现了自己的目的。

另一种常用的开场白是缓慢式，就是先用几分钟的谈话使听众大致了解你将要讲的内容，有些什么好的东西准备拿出来跟大家分享。

不过，不管哪一种开场的形式，幽默的力量都能够帮助你顺利地把演讲引入正题。一个有趣的开场白会在你和听众之间架起一座友谊的桥梁，直到演讲成功地结束。

某位演讲家曾说："我记得在战争时，有人让我们吃些小药片，以使我们不想女孩子。直到最近我才发现药片并没有让我保住良好的体形，我应把功劳全部归于我的夫人爱丽丝。25年前我们结婚的时候，我曾经对她说：'希望我们以后永远不要争吵，亲爱的。不管遇到什么心烦的事，我决不和你吵架，我只会到外面去走一走。'所以，诸位今天能看到我保持着良好的体形，这是我25年来每天到外面走一走的结果！"

通常情况下，大部分人的注意力都不会持续很久，特别是演讲者用单调的语言谈一个平淡的问题时，听众必定会感到更加乏味。我们必须学会适时转换话题，或者改变一下讲话的方式，通过说个小笑话或来一两句妙语，运用幽默的力量得到听众的关注。比如，讲到人生的问题，你可以说：

"先生们，无论人生有多少艰难与痛苦，我们总是可以在一个地方找到'慰藉'的，那就是词典里。"

在说到人际关系时，你也可以用几句幽默来吸引听众的注意力：

"我认识的人中，第一个炒我鱿鱼的老板最为圆滑。他对我说：'老弟，我真不知道公司少了你将会如何。不过，从下月1号起，我们只好勉强维持下去了。'"

总之，要想出各种办法运用幽默的语言吸引听众。当然，你的幽默绝不能仅仅是为了引人发笑，假如那样的话，他们的注意力很可能随着笑声的停止而转移。你还要插入跟主题相关的幽默，使它成为你信息的一部分，形成一种独特的幽默力来感染听众。

在以如何做人为主题时，你可以插入这样一则小幽默：

老师在讲台上讲述乔治·华盛顿的事迹，他说："他砍了他父亲种的那棵小樱桃树以后，承认做错了事。可是他父亲却没有惩罚他，大家知道这是什么原因吗？"小约翰并没有理解老师的暗示，而是按照自己的想法回答："那是因为他手上还拿着斧头。"

假如你在台上发表政治演讲，无论是陈述政见，还是进行竞选活动，都可以拿幽默来吸引眼球。不管是在演讲中还是在生活中，幽默力都能帮助你顺利地实现目标。当你所传递的信息是听众所不愿意听到的或者不怎么相信的，可能是涉及痛苦的事实，或者需要他们作出某方面的牺牲，或者要他们接受一些个人或社会的问题，这时候，幽默通常能发挥它神奇的效用。幽默能给听众带来力量，使他们远离痛苦情绪所带来的伤害，解除他们因听到禁忌话题而产生的不安和紧张。

在现实中，确实有些话题过于严肃，需要借助幽默的力量缓和气氛。假如你演讲的目的是募集一项医药基金，或者为医院的扩充和更换先进设备而募捐，那么你就免不了要谈到大家忌讳的死亡问题或严重疾病。这种时候，插科打诨是最忌讳的，你最好以一则趣闻逸事来缓和听众的紧张情绪。比如：

哲学家梭罗辞世之前，他的姑母曾在病床前问他："你和上帝之间已经和解了吗？"

梭罗回答："我倒不知道我们之间何时曾吵过架。不过，他老人家现在既然已经来召唤我，说明还是比较器重我的。"

用幽默来强化主题、摆脱尴尬，用幽默的力量营造一种较为轻松的演讲氛围，可以使听众置身于其中，并减轻他们的忌讳，舒缓他们的情绪。

主持人把你带到台前，介绍给了听众，你对介绍词也作出了正确的反应，并发表了一段良好的开场白后，演讲就算正式开始了。当演讲开始之后，你的全部精力就应该集中在听众身上了，注意引导听众跟着你的思路前行。

听众不爱，再幽默也是白搭

幽默心得 在演讲时使用幽默必须要注意听众的类型。听众在年龄、职业等方面的差异在很大程度上制约着他们对于话题的接受度和理解度。如果听众不喜欢，你是否幽默都变得无关紧要了。

俗话说："见什么人说什么话，到什么山上唱什么歌。"这当然不是教育大家要"见风使舵"，而是提醒各位，切忌"哪壶不开提哪壶"，要懂得"投其所好"，这是对台下听众的基本尊重，也是提升个人形象的最佳机会。话题选对了，才能幽默最大化。

演讲者都希望在听众中间引起共鸣，所以选择"投其所好"的话题就成了必然。举个例子，在给大学生做演讲时，讲得最多的话题除了学习方法、工作心得之外，就是恋爱问题了。正所谓"初恋都是最美好的"，假如有戏剧化的谈恋爱的经历，拿来幽默一下自然会收到不错的效果。

有一位知名学者应邀回母校做演讲，他出场后的第一个话题就是讲述自己在大学读书时追女孩的经历：

"在我们那个年代，大学不像你们现在这么丰富多彩。我们那时候除了追女孩外没有什么事情可做。上大学的我平凡得不能再平凡了，那时候什么都没有，就长成我这样的，基本上不用考虑本班的战场，没有我的立足之地，我就发展别班的战场。我看上了一个女生，据说还是50校花之一呢。你们可别小瞧，50校花之一可了不得，当时我们可有156名女孩呢！

"你们说我那时是弱势群体，我能做什么呢？我什么都做不了，最后想出了一招我能做的事：写信。第一封我写了身高，体重，家住何方，父母是干什么的，家有几个兄弟。这简直就是一份简历，没办法，那时的我什么都没有，只有这些，只能给她投简历。她没有理我。我就开始写第二封信，为了展现自己的才华，我就介绍了一下国内国际经济形势，我未来会怎么怎么做。还是没回音。我就写了第三封，说我知道你不喜欢我，我不要求你做什么，我只要求你让我默默地喜欢你就好了。

"你们知道那时的女生'纯'啊！三封信就感动了她，她回信给我。我就约她看电影，看的什么电影我早就忘了。之后我们散步，我对她说：'要不你嫁给我吧？'她很惊讶地问：'你是认真的？'我说：'是。'她说：'好，

我嫁给你。'就这样，第一次约会，她就嫁给了我，而后我们一起走过了随后的20多个春秋。"

当时，这段演说赢得了同学们非常热烈的掌声。先不考虑演说者讲话的语气有什么样的效果，单看这段稿子本身就足够吸引眼球了：紧密结合学生关注的话题，校花、谈恋爱、写情书、约会等话题；追爱故事，不断展开，层层递进，激起好奇心；纯洁的爱情，美好的愿望，最终实现；用语精妙，抑扬顿挫，滑稽幽默。这些都跟大学生的心理达到了完美的契合，想不引起共鸣都难。

演讲之前，不妨事先问自己一个问题：你的主题跟听众究竟有什么利害关系？能不能帮助他们排忧解难，实现理想的目标？明确了这些，然后再将你的想法分享给他们，这样必然会吸引大家的全部注意力。如果你是会计师，你可以这样做开场白："我现在要教你们怎样省下50~100元的税款。"如果你是律师，你教听众怎样在生前拟好遗嘱，听众必然会听得津津有味。在你的专业知识里，不管怎样都能够找到对听众有所裨益的话题。

在演讲过程中，使用幽默必须是有"预谋的"，也就是说，不是每一个话题都可以拿来即兴幽默。演讲者只有根据演讲内容、场合等因素有针对性地选择幽默话题，才能做到符合观众的口味，吸引观众的注意力，从而取得预期的效果。

阿里巴巴创始人马云应母校杭州师范学院的邀请返校演讲。马云走上讲台后，一开口就让母校的师弟师妹们笑得合不拢嘴：

前两天我刚从美国回来，在美国参加会议的时候有人问我，我的英语是哪里学的，我说中国杭州师范学院！——在我们公司，尽管有来自北大、清华，也有来自哈佛、耶鲁等名校的学生，但是如果你在我公司问哪所学校最好，员工都会说：杭州师范学院！没办法，因为在阿里巴巴，他们只能这么说。

马云巧妙的开场，不仅避免了对母校的刻意恭维，而且还用自己的亲身经

第二章 决战社交，幽默是最佳武器

历表达了对母校的谢意，进而引发了一股集体自豪感；同时，又恰当地借个人成功的事例告诉母校的莘莘学子：事在人为，外部环境并不是影响成功的决定性因素，个人的努力才最重要。而个人如何努力的部分，只有认真听接下来的演讲才能知晓。这样自然又设置了小小的悬念。

马云的幽默之所以能赢得满堂彩，主要原因在于他很清楚观众需要什么。就像身为一名商人，你必须提供市场需要的商品，才能最大限度赢利。马云知道自己面对的是一群虽有青春激情但始终稚嫩、懵懂的在校学生，他们最需要的是自信和平凡人创造成功的可能性，他们需要的是一种有力的导向。而作为成功人士的马云，恰好能够满足他们的需求，所以他的演讲才会引起他们的浓厚兴趣。

同样善于"因地制宜"做演讲的还有微软总裁比尔·盖茨。2007年，比尔·盖茨应邀在哈佛大学毕业典礼上发表演讲。大家都知道，尽管比尔·盖茨曾在哈佛就读，但他并没有取得任何学位，而是选择中途退学创办微软，因此，哈佛学报曾将他誉为"哈佛大学历史上最成功的辍学生"。这件事使他的这次毕业演讲显得非常奇怪。

谁知精明的盖茨却把自己的"丑闻"当成了"因地制宜"的最佳题材："我为今天在座的各位同学感到高兴，你们拿到学位可比我简单多了。"这句自嘲式的幽默表达了对毕业典礼现场的主角们——顺利完成学业的优秀毕业生们——的衷心祝福。毋庸置疑，这是现场学生最乐于听到的。

接下来的演讲，他始终紧跟学生们的思维方向："那么，我为什么会被邀请在你们的毕业典礼上演讲呢？我想在所有哈佛的辍学生中，我是做得最好的，所以我有资格代表我这一类学生讲话。同时你们应该庆幸，我没有出现在诸位的开学典礼上。因为我是个有恶劣影响的人，我要提醒大家，我使得Steve Ballmer（注：微软总经理）也从哈佛商学院退学了。所以，假如我在你们入学欢迎仪式上演讲，那么能够坚持到今天在这里毕业的人可能会少得多吧。"

就算一直延续幽默自嘲，盖茨的话题并没有离开毕业典礼这件事情，因为或许他认为，自负的哈佛毕业生们渴望听到的不是谆谆教诲，不是怎样才能成功的废话，更不是盖茨个人的奋斗经历，因为这些他们早就知道了，所以盖茨

始终在自嘲。在之后的演讲中，他简单讲述了自己认为什么是人生有意义的事情。而"有意义"和"成功"是两个层面的话题，很明显，聪明的盖茨不想使在场的高才生们心生厌恶。

穿插妙语，拨动听众的心弦

幽默心得 幽默的言语往往蕴含着令人愉快的智慧，对于"集体接受"的演讲听众来说，它具有特别的意义。在演讲中插入一些妙趣横生的幽默内容，通常比振振有词的套语更能拨动听众的心弦。

还记得演讲中那些含蓄、风趣的故事和语言吗？它们总是寓庄于谐，使人在会心一笑的同时，体会到字里行间的深刻道理以及演讲者高尚的情趣。

1955年，郭沫若先生重返日本九州大学作了一次演讲。再次来到自己的母校，郭老说：

"在这里我要向我以前的老师表白，我作为一个医科大学生，事实上不是一个'好学生'，福冈的自然景色太美了，千代松原真是非常的美丽。由于天天都接近这样好的自然美景，我在学生时代就不用功，对于医学没有认真地研究，而跑到别的路上去。"

他幽默地说："当时我在教室里听先生讲课时，就一个人偷偷地在课本上作诗了。"

随着这些话，场内不时发出欢快的笑声和掌声。

有一次，一个教授给学生作报告，接到一个纸条，上面写着："有人认为思想工作者是五官科——摆官架子，口腔科——耍嘴皮子，小儿科——骗小

第二章 决战社交，幽默是最佳武器

孩子，你认为恰如其分吗？"这个问题锋芒毕露。

教授回答说："今天的思想工作者，我认为是理疗科——以理服人，潜移默化，增进健康。"

演讲中穿插幽默要注意，穿插进来的内容必须要跟主题相关，能起到说明、交代、补充的作用；穿插的内容一定要适度，不可过多过滥，造成喧宾夺主、重心旁移；衔接务必自然得当，千万不要让人觉得勉强或节外生枝。

在演讲的时候，为了增强演讲效果，加深听众印象，可以运用古今杂糅法，用最时髦的现代语言解说古人的事，或用古代成语描绘现代的事，这种异相拉近的做法能大大增强幽默效果。比如，谈到消费的时代性时，可以说："慈禧太后虽然骄奢淫逸，但她从来不吸万宝路，不喝雀巢咖啡，也不看外国大片"；讲到文凭、职称的问题时，可以说："孔夫子一没文凭，二没职称，但他在杏坛办学习班，培养了无数哲学、伦理学、教育学的高才生。"

对更高明的演讲者来说，自身经验中那些人人有同感的矛盾之处也是值得讲述的，因为它是一个很好的"楔子"。名作家吉卜林在向英国一个政治团体发表演说时，就把自己的经历当成了范例，引得全场捧腹大笑：

"主席，各位女士、先生们，我年轻时，曾在印度当记者，专门替一家报社报道犯罪新闻。这是很有趣的一项工作，因为它使我认识了一些骗子、拐骗公款者、谋杀犯以及一些极有进取精神的正人君子。有时候，我在报道了他们被审的经过后，会去监狱看看这些正在服刑的老朋友们。我记得有一个人，因为谋杀而被判无期徒刑。他是位聪明、说话温和有条理的家伙，他把他自称为他的'生活的教训'告诉我。他说：'以我本人做例子，一个人一旦做了不诚实的事，就难以自拔，一件接一件不诚实的事一直做下去。直到最后，他会发现，他必须把某人除掉，才能使自己恢复正直。'哈，目前的内阁正是这种情况。"

吉卜林没有平板地陈述记忆中的陈年旧事，而是幽默地围绕准备谈论的政治话题渲染了一些近乎怪诞的趣事，从而建立起自己跟听众之间的沟通点。只

要善于利用他人和自身的一些幽默故事，妙语连珠，引起观众的共鸣，就能使自己的演讲格外精彩。

在演讲中插入风趣、幽默的语言，还要考虑到速度的问题，太匆忙和太缓慢都不能达到预期的效果。因而一定要掌握好速度，将时间控制得恰到好处，以便最大限度地发挥作用。

跟听众套近乎，要懂幽默的技术

幽默心得 高明的讲演者总是善于跟听众套近乎，让听众感觉到他所感觉的，同意他的观点，分享他的快乐，分担他的忧愁。因为他知道，讲演的成败不是由他来决定，而是取决于听众的脑袋和心灵。

情感沟通是人与人交流的必经过程，而公开场合的演讲又和私人交流有明显的区别。在演讲中，与听众的情感沟通其实是个"技术活儿"，既不能过分恭维，刻意逢迎，又不能假装亲近，随便敷衍。这时，恰当地运用幽默往往能取得意想不到的效果。

一场精彩的演讲除了要有吸引观众的内容，演讲者还必须懂得如何跟观众"套近乎"，清除陌生感和距离感，这样才能使自己所传递的信息深入人心，不落俗套，才能在听众中产生共鸣，保证演讲顺畅进行。

美国第41任总统老布什就是一个擅长"套近乎"的老手。1991年，英国女王伊丽莎白二世访问美国，老布什在欢迎宴上致辞。因为伊丽莎白二世已多次访问美国，所以老布什对女王的习惯一清二楚。他在致辞一开始就使用轻松的语气说道："在您数次对美国的访问中，我从您身上发现了一个把我们联系在一起的品质——热爱锻炼。不管是雨天还是晴天，您的长时间的散步总是把那些想打听小道消息的狗仔队们气喘吁吁地甩在一边。很庆幸，今天我那患有纤维性颤动的心脏没有被那场激烈的竞走累垮。"

见过如此轻松、幽默而又贴切的赞美吗？几句简单的幽默表述，便轻而易举地消除了政治对话的紧张气氛，沟通了两个"国家"之间的感情。

在任总统之前，老布什曾经担任过美国驻北京联络处主任。后来，当身为总统的他再次回到美国驻华大使馆时，他的演说像极了一段"迟来的牢骚"。

"在异国他乡见到诸位熟悉、亲切的脸庞，确实让我有宾至如归之感。你们让琐碎的行政事务运转得如此良好，并且因为我的到来，而使得大家如此遭罪，请接受我衷心的感谢。

"因为我知道，接待一位总统的访问就像经历一场浩劫。我曾经被派驻在这儿，有过这样的经历。看到总统离开了，我确实很高兴。假如那还不够受的，亨利·基辛格又给我们增加了两次这样的经历。我知道你们对我们没什么好感。

"好吧，现在进入正题，向这里所有的中国雇员，所有家庭，所有——（此时，一个婴儿的啼哭声打断了总统）哦，没那么糟，宝贝。等会儿，就要好了——向所有在座的各位，表达我诚挚的谢意。"

老布什的这段演说很轻松，感觉像和很久不见的老朋友在对话。凭借自己曾经从事过"接待总统"这项工作的优势，老布什站在听众的角度来发言，让自己成为现场"诚惶诚恐"的工作人员的代言人，说出了大家的心声，瞬间拉近了与工作人员之间的情感距离。同时，幽默的运用也使得老布什从高高在上的总统大人摇身变成平易近人、体恤民情、善解人意的好总统，其个人形象得到迅速的提升。

当然，美国历史上精于"套近乎"的总统还有很多。在欢迎朱镕基总理访问美国时，克林顿总统也用一段幽默的夸奖传达了友好的信息，顺利实现了沟通情感的目的。克林顿总统说：

"美国人民很高兴见到您，美国人民对您很感兴趣。毕竟，不是每个领

导人都既能理解全球经济的错综复杂，又能理解京剧的无穷奥妙；既能演奏胡琴，又能在说出直率的政治观点的同时，发表不客气的音乐评论。"

不难看出，人与人的沟通，幽默是不可或缺的润滑剂，特别是在面对冷冰冰的政治的时候。演讲者要想拉近自己和听众的情感距离，一定要懂得幽默的技术。

遭遇临场意外，幽默来解忧

幽默心得 在演讲的过程中，免不了会出现一些让人措手不及的突发状况，面对临场意外，优秀的演说家总能以幽默的方式沉着机智地应付，让小插曲变成演讲的亮点。

大家都知道，演讲免不了会遇到一些意外情况，比如听众寥寥无几，有人故意捣乱，听众提出刁钻古怪的问题，听众不认同演说者的观点，等等。遇到这些突发状况，千万不能气馁、动怒，更不能粗鲁地对待，因为那样会使演讲遭到惨败。古往今来，在神圣的讲坛上，能言巧辩的例子不胜枚举。

有一次，林语堂应邀到美国哥伦比亚大学讲授中国文化课，课堂上他对中国文化大加赞赏。一位女学生不服气地发问："林博士，你是说，什么东西都是你们中国的好，难道我们美国就没有一样东西可以跟中国的相比吗？"

这是一个很难回答的问题，假如演讲者反过来赞扬美国，对演说的主题非常不利；要是严肃地表示美国不如中国，会引起在座学生的不满情绪。林语堂只是轻松地回答："有的，你们美国的抽水马桶就比中国的好嘛。"

这句话引起哄堂大笑，气氛活跃而和谐，发问者对这一回答也提不出异议。

第二章 决战社交，幽默是最佳武器

在莫斯科的一次演讲会上，诗人马雅可夫斯基的舌战也很经典。

那次会上，马雅可夫斯基受到了庸夫俗子的严峻挑战。

"您的诗太骇人听闻了！这些诗是短命的，明天就会完蛋，您本人也会被忘却。您，不会成为不朽的人……"一位诗人责难说。

"请您过一千年再来，到那时我们再谈吧！"他巧妙地挡了回去。

"您说，有时应当把那些沾满'尘土'的传统和习惯从自己身上洗掉，那么您既然需要洗脸，这就是说，您自己也是肮脏的了……"

"那么您不洗脸，就自以为是干净的吗？"

"您的诗无论如何也赶不上普希金啊！"

"我热爱普希金，可能我比您更爱他。我是想在普希金的影响下创出一条崭新的诗路，您明白吗？全新的，而不是承袭、重复前人的东西。诗行是新形式的，词汇也要从根本上翻新，把诗歌提高到现代水平。这就是我为之终生奋斗的目标！"

马雅可夫斯基的这场对白、演讲和答问势如破竹、振聋发聩，凝结着他的睿智、聪慧和幽默，使听众挤得水泄不通的大厅里不时传出一阵阵雷鸣般的掌声。他的回答充满锐气，句句有穿透力，使敌手胆战心惊、望风而退。

在演讲中，听众有不同意见并不稀奇，这时最好不要漠然视之，因为如果不予恰当地处理，接下来的演讲将难以顺利进行。有时，演讲者还会遇见恶意的攻击或咒骂，假如演讲者勃然大怒或与之对骂，必然会损害自身的形象，使捣乱者的阴谋得逞。

有一次，英国首相威尔逊在民众大会上演讲，人群中不时爆发出激烈的抗议，一名抗议者居然高声骂道："垃圾！"

威尔逊镇定地回道："先生，关于你特别关心的问题，我们等一会儿就讨论。"

谁都知道抗议者正在无礼地谩骂，可总统却巧妙地将其转为现实生活中需

要解决的一个问题，不仅为自己解了围，摆脱了被动的处境，还使会场气氛松弛下来。

如今，我们生活在信息交流非常发达的时代，几乎所有人都有登台讲话的机会。在座谈会上，在宴会上，在学校，在公共集会或是其他社交场合，都有需要发言或讲几句话的时候。可能你一直认为自己是个不适合演说的人，但是，你应当认识到，有很多的演讲机会在前面等待着你。

随着事业的发展和工作上的成功，想摆脱别人邀请你演讲自然变得越来越困难。当然，初次登台可能会有些紧张，如果能在演讲中使用幽默的力量，那就能相对轻松一些。只要我们有个良好的开头和结尾，能吸引听众的注意力，面对挑战沉着应对，并且使首尾相连，一气贯通，就能取得良好的效果。此外，讲话和演说之中蕴含着许多规律，前人有过不少经验之谈，那些宝贵经验对我们同样适用，值得去好好学习和借鉴。

讲话和演说都要遵循一个法则，那就是根据不同的对象，选择不同的内容与方法，"因材施讲"，这是取得良好效果的不二法门。因此，在演讲之前，应想方设法跟听众接触，并且进行广泛交流。有的时候，简短的几句话就能帮我们把握他们的兴趣和关心的要点。然后，只要再收集几个与之相关的即兴笑话和故事，我们的演讲就能变得更为活泼生动和引人入胜，降低遭遇临场意外的可能性。

乔治·贝列是美国宾夕法尼亚州的演说家，他有一套独特的方法跟听众打成一片。

有一次，他被邀请为保险公司的经理们演讲。乔治了解到，经理们在头一天晚上举行舞会，直到凌晨才回到饭店，而且没有水洗浴，没有饮料。当第二天早上7点开始演讲时，那些经理们烦躁不安，面无表情。

由于准确地了解了当时的实际情况，乔治·贝列说了句简单而幽默的开场白："我还是第一次见保险公司在晚上举行那么热闹的联欢，可我发现这狂欢竟然不能使经理们快活起来。"

得到了应有的理解，大家闷闷不乐的情绪很快就不见了，脸上出现了微笑，气氛也被调动了起来。

乔治·贝列还有一个秘诀，那就是尽量在演讲之前跟每位客人简单聊上几句。当讲演开始后，他便一一叫出台下听众的名字。这不仅对台上台下的互动大有助益，还为演讲的顺利进行打下了良好的基础。

豹尾，让演讲在笑声中结束

幽默心得 在多种多样的演讲结束语中，幽默式结尾称得上极有情趣的一种。哈佛大学演讲大师乔治·威廉曾经说："当你说再见时，要使他们脸上带着笑容。"一般来说，笑容意味着成功。

演讲的开头和演讲的过程都已经很精彩了，但我们不能满足于此，还应该有一个好的结尾，要做到善始善终。对整个演讲来说，开头和结尾都是两个很重要的部分，而且结尾通常比开头更难以掌握。

在演讲中，最不好把握的部分还是结束语，因为最后的字句，虽然已经停止，但仍在听众的耳中盘旋，使人记忆最久！当演讲者的结束语简短、有力、切题，并且因充满了迷人的幽默感而显得很生动活泼时，听众才会产生意犹未尽之感。而意犹未尽，则是精彩演讲美妙的结尾的极致。

我国著名作家老舍先生就是一个幽默的高手。

在某市的一次演讲中，他开头就说："我今天给大家谈六个问题。"

接着，他第一、第二、第三、第四、第五，按顺序一个个谈下去。谈完第五个问题，他一看离散会的时间不多了，于是提高了嗓门，一本正经地说："第六，散会。"

听众起初一愣，几秒钟后响起了热烈的掌声。

老舍在这里采用了一种"平地起波澜"的造势策略，打破了正常的演讲顺

序，从而出乎听众的意料，达到了一定的幽默效果。一个演讲者能在结束时赢得笑声，不仅能体现出自己演讲技巧的娴熟，还能给本人和听众双方都留下愉快美好的回忆，这通常被视为演讲圆满结束的标志。

精彩的结尾能提升整个演讲的内涵和风采，而在结尾中巧妙地运用幽默，更能使听众体味到十足的美感，给大家留下深刻的印象。

一次，"戴维斯杯"网球赛结束后，云南省体委在昆明滇池湖畔的国家体育训练基地为印度尼西亚队饯行。印度尼西亚队输给了中国队，队员们的情绪都有些低落。在致辞时，该队领队说："尽管我们尽了最大的努力，但由于气候不适应等原因，我们队伍的技术没有很好地发挥，遗憾地输了球。但对东道主中国队来说，我们无疑是最好的客人。今天我在这里祝贺贵队取得优良成绩，就是最好的证明。不过，来日方长。如果我们下次再来做客时，不能成为你们最好的客人，也请尊敬的主人不要见怪。"

领队的致辞不卑不亢，礼貌而幽默，特别是那绝妙的结尾堪称精妙绝伦，称为"豹尾"绝对不为过。

有不少演讲前面很吸引人，结尾却非常糟糕，演讲者虽然告诉听众我要结束演讲了，但似乎有点不放心，要挑明"我现在要进行归纳或小结"，或者用动作与表情来表明演讲即将结束。

如此一来，结尾往往拖泥带水，又长又臭，听众们也没耐心继续听下去，甚至开始计算离场的时间。所以说，结尾一定要干脆痛快，最好能在听众的意料之外。

有一年，全国写作协会在深圳罗湖区举行年会。开幕式上，省、市各级有关领导论资排辈，一一发言祝贺。

轮到罗湖区党委书记发言时，开幕式已接近尾声了。于是，他这样说："首先，我代表罗湖区委和区政府，对各位专家学者表示热烈的欢迎。"掌声过后，稍作停顿，他又响亮地说："最后，我预祝大会圆满成功。我的话完了。"

就这样,他以迅雷不及掩耳之势给演讲画上了句号,也给自己赢得了热烈的掌声。

结尾不一定要笑而不止,或者大笑不停,但结尾一定要引人深思,给听众留下余音回绕、意犹未尽的感觉。有的演讲的结尾需要严肃,有的需要戏剧性。如果演讲场合是宴会或其他联谊性的餐会,而演讲又被安排在活动即将结束的时候举行时,那么,高度戏剧性的结尾、幽默的结束语能让人缓解精神的疲劳,让人精神得到清新的鼓舞,同时使你的演讲熠熠生辉、余音不绝。

在结束讲话之际,我们也可以用一则有趣的故事,或者说几句与主题有关的俏皮话、祝愿辞、双关语,这样的结尾通常能收到良好的效果,让台下的听众们面带笑容地离去。

在担任驻英大使期间,美国诗人、文艺评论家詹姆斯·罗威尔在伦敦举行过一次晚宴,并发表了一篇名为《餐后演讲》的即席演说。

在演说的结尾,他讲了一个故事:

"我在很小的时候听人讲过一个故事,讲的是美国一个卫理公会的牧师。他在一个野营的布道会上布道,讲了约书亚的故事。他是这样开头的:'信徒们,太阳的运行方式有三种,第一种是向前或者说是径直的运动;第二种是后退或者说是向后的运动;第三种即是在我们的经文中提到的——静止不动。'(笑声)

"先生们,不知你们是否明白这个故事的寓意,希望你们明白了。今晚的餐后演讲者首先是走径直的方向(起身离座,做示范)——即太阳向前的运动。然后他又返回,开始重复自己——即太阳向后的运动。最后,凭着良好的方向感,将自己带到终点。这就是我们刚才说过的太阳静止的运动。"

这种紧扣主题的传神形象演讲,可谓惟妙惟肖、天衣无缝,如何能不赢得现场观众的热烈掌声和欢笑声呢?

一般来说,成功的演讲都追求真理的启迪、感情的激发、艺术的感染、行动的导引等效果。隽永是格调方面的体现,它通过以温和的幽默力量来述说一

个事实，或表达一句妙语，或向听众道声祝福来体现，每每引得听众会心一笑。而幽默风趣的结束语，是整个演讲幽默的升华，也是演讲者全部玩笑机智的总爆发。它能将演讲者所传递的信息像印章般打在听众心坎上，使隽永的意蕴余音不绝。

第三章

幽默给点力,职场才能有活力

一个成功的人是以幽默感对付挫折的。

——詹姆斯·潘

第一节 跟同事幽默，修炼办公室达人

展现幽默力，建立良好的工作关系

幽默心得 获得工作上的成就和事业上的成功要具备很多条件，在建立良好的同事关系、促进成功方面，幽默有着不可替代的作用。

现代社会环境瞬息万变，速度和效率的地位急剧攀升，因而职场人时常感受到一种莫名的心理压力和焦虑，而幽默则是我们最好的"减压阀"。幽默不仅能使职场人的心情变得轻松愉悦，谈笑风生，笑口常开，而且有助于在同事中左右逢源，事业成功。

很多有眼光、有见识的公司经理、董事长，都喜欢提拔那些能自我解嘲、改善环境、创造欢乐气氛的人。因为这些职员容易取得职员们的信任，让大家乐于接受他的看法和思维。有一家大公司的总裁曾经说过："我专门雇用那些善于制造快乐气氛，并能自我解嘲的人。这样的人能把自己推销给大家，让人们接受他本人，同时也接受他的观点、方法和产品。"如今，在招聘员工的时候，越来越多的大公司都倾向于那些具备幽默感的人才。

恰到好处的幽默能消除同事之间由于误解可能爆发的指责和争执，为职场关系的良好发展提供了动力。如果想在工作中不断进取，那你就应该很好地体味下面所说事例的深层含义。

第三章 幽默给点力，职场才能有活力

有时候，弱者通常被人们看不起。有一个男职员，他所在的公司被另一家大公司吞并，巨大的人事变动打乱了他的平静生活，使他感到很不如意，新同事对他也没有好感，办公室关系很不协调。

有一天，这名职员又拖了后腿，他故作悲哀地说："我看大家都愿意我被辞退，因为无论什么事情我都是落在最后。"

谁知这句话收到了意想不到的效果，因为自嘲他获得了一次跟新同事们大笑的机会。这样，虽然他真有拖拉和办事效率低的毛病，但同事们看到他有一种诚恳的自我评价态度，对他产生了信任和亲近的感觉。由此可见，幽默感帮这位职员和大家建立了友好善意的共事关系。

某大公司里的一位部门主管，他每天都在想一个问题："部门内的人是不是真正喜欢我？"

一次，他从外面走进办公室，发现手下的职员们正聚在一起聊时事，可是一见到他，就马上匆匆忙忙奔向各自的办公桌。这位主管没有大发脾气，也没有任何的不满意，只是说了一句："看来你们对时事的了解并没有那么深入。"

这句话却产生了很好的效果。原来，这个主管过去总是板着脸训人，总是用"不许偷懒"、"工作时间不准娱乐"之类的话批评别人。这次他小幽默了一下，使职员们发现他原来也有不为人知的说笑一面。同时他也认识到，只要自己能和大家一起欢笑，那么自己也一定能得到所需的东西，即跟大家建立良好的工作关系。

要想在事业与工作上获得成功，免不了会遇到一些障碍，更免不了需要付出代价。假如让你担任领导，与他人协调工作，你会发现跟发挥个人的才能相比，处理众多的人事问题要困难得多。除了要有献身精神外，你还得不断鼓舞众人的士气，帮助大家解决工作上的困难，取得成员的信任和拥护。不然的话，你就会一事无成。此时，幽默的力量是可以帮助你接受挑战，并且在实践中获得成功的。幽默能告诉你如何轻松地对待挫折和失败，如何通过取笑自己

来和众人沟通。

罗克尼是著名的足球教练，在一场比赛中，他曾运用幽默的力量，使自己所在的诺特丹球队反败为胜。

球赛进行到上半场结束时，罗克尼的球队比威斯康辛队落后两球之多。在休息室中，他一直保持缄默，直到要上场比赛之际，他大喊道："好吧，小姐们，走吧！"这句话逗笑了全体队员，也传达了严肃的信息。

借助幽默的力量，罗克尼重振球员的士气，帮助他们忘记艰难的处境。他的幽默甚至还帮助球员们克服这种困境，最终，诺特丹队以3:2赢了比赛。

在事业和工作的路途上，我们会遇到一个又一个的障碍，其中最常见的就是人们在心理上对新的工作感到难以适应。究其根本，很大程度上来自对人际关系的忧虑。当然，挑战和困难实际上也是一种机会。要知道，获得成功是要付出代价的，比如学着把自己的某种能力和专长放在一边，在跟同事的交往上多下工夫。可能你是世界上最好的教师、职员、工人，但是让你当校长、经理或其他负责人的时候，你也许就会感到不能胜任，从而陷入困境。因为处理众多的人事问题比发挥个人的才能要更有难度。

举个例子，你不仅要有献身精神，还要帮助大家解决具体问题，得到部下的信任和拥护。否则的话，你很难有所作为。所有这些挑战，你应该当成是获得了某种机会。机会便是前进的动力。假如学会幽默，你就可以更轻松地接受挑战，并且在实践中获得成功。幽默能使你坦然对待挫折和失败，从而使得自己和同事建立良好的工作关系。

个性化幽默，带来职场的双赢

幽默心得 独特的幽默方式是专属于个人的，任何人都学不来。如果将其运用

第三章 幽默给点力，职场才能有活力

到跟同事的相处中，往往更有威力，实现双赢的概率也会更高。

同事们有什么心事，如感情、事业、家庭等困扰，都喜欢对你倾诉，觉得你非常能体谅别人，是个最好的听众。你不仅愿意很耐心地倾听别人的心里话，而且，假如你有能力帮助同事排除烦恼的话，你会尽心尽力地帮忙。就算事情不是力所能及的，你也会给予一定的安慰。如果你能做到这一点，会有谁不愿意跟你做朋友呢？除此之外，要是你有自己的个性特点，具有一种独特的幽默方式，那就再好不过了。

当作到打开幽默的心扉面对人和事之后，你就会发现：欢笑的功能可以使你们静下心来，愉快地把事情解决。

阿雅和小玲是多年的同事，两人隔桌而坐，情同姐妹，彼此也有着良好的默契。尽管如此，但有时也难免发生冲突。

有一次，为了处理上司交代的项目，两人有不同的意见，在无法协调的情况下，她们居然发生严重的口角，后来彼此冷战，形同陌路。到了第五天，阿雅实在忍受不了这样的工作气氛，为了打破僵局，于是趁小玲也坐在座位时，她就翻箱倒柜，把办公桌的抽屉全部打开来东翻西找。

后来，小玲终于开口说话："喂，你把所有抽屉打开来，到底在找什么？"阿雅看看小玲，幽默地说："我在找你的嘴巴和声音啦！你一直不跟我说话，我都快活不下去啦！"两人扑哧一笑，重归于好。

具有个性化的幽默口才，我们就会对同事的行为着眼于它的光明面上，而不是着眼于它的错误和缺点。不管事实真相如何，我们应该了解并接受人性的小错，并借幽默增进同事间的工作关系。

有一次发薪水的时候，小赵的工资卡里面居然分文没有。当然，他没有像一般人那样气得暴跳如雷，或者破口大骂。他只是跑去问财务部门的人："怎么回事？难道说我的薪水扣除，竟然达到了一整个月了吗？"

当然，小赵一分不少地得到了薪水。

小赵对同事偶犯错误持一种宽容的态度，而不把它看成一件了不得的大事，批评谩骂同事的愚蠢。借助幽默的方式，他跟同事分享了愉快的果实，这也恰恰是不为所动、处之泰然的幽默能够收到的效果。

巧用幽默口才来跟同事沟通，以建议的方式来取代批评，对工作上出现的问题，用轻松的心态和你的同事一起面对。那么，你和你的同事就会走向双赢。假如我们以尖刻的批评去对待一位没有处理好工作的同事，就会造成失败的局面。那位同事会丢失他的自信心，而我们会失去他的信任，得不到应有的支持。只有"以对方为中心"，了解他人，时刻不忘幽默，才能真正打开沟通的途径。

我们以幽默力量能为同事做的，可能仅仅是帮助对方消除因工作带来的紧张，驱逐挫折感，并不能顺利地解决所有问题。但是，如果不能认识到幽默对自己的裨益，我们就不太可能以自己的幽默来激励他人。为了表现对幽默的重视，我们应该时时刻刻保持乐观的态度，做好跟同事一起欢乐的准备。

很多时候，我们在工作上、在与同事之间的关系上，都需要更肯定一些来表达自己。你可以告诉同事："唔！我看得出你知道怎样把事情办好的秘诀，而且你也知道怎样守秘不宣。"或对同事说："谢谢你把你的一点想法告诉我。我很感激——特别是当你的业绩如此低落之时。"在遇到阻挠、遭受到不公平待遇、工作不顺、有所不满、情绪低落时，更是需要大笑两声。

一位男士打趣即将结婚的女同事："你真是舍近求远。公司有我这么优秀的人才，你竟然都没有发现！"

对于这位男士的幽默，女同事不仅没有反感，反而开心地笑了，由衷感激他的友谊和欣赏。

同事之间荡漾着欢乐的气氛，这是多么弥足珍贵的友谊啊！

除了同事关系，还有合作关系，报刊、出版社的编辑与撰稿者之间就属于合作伙伴。假如在合作期间能适时幽默，那么对双方工作的顺利进展是有帮助的。

美国作家杰克·伦敦答应给纽约的一家出版社写一本小说，但却迟迟没

第三章 幽默给点力，职场才能有活力

有交稿。出版社编辑在多次催促都无结果后，便给杰克·伦敦的住处打了个最后通牒式的电话：

"亲爱的杰克·伦敦：假如24小时内我还拿不到小说的话，我会跑到你屋里来，一拳揍到你鼻梁上，然后一脚把你踢到楼下去。我可从来是履行诺言的。"

杰克·伦敦回道："亲爱的编辑：假如我写书也能手脚并用的话，我肯定能履行自己的诺言，按时将书交到你的手里。"

编辑跟作家之间的玩笑表明了他们亲密无间的合作关系。而作家为自己无法交稿所做的辩解，更是巧妙。

某杂志社的编辑收到一封来信："亲爱的编辑：我希望和您达成一项默契，假如您刊用了我的稿子，您将得到稿费的一半，希望能得到您的首肯。"

编辑回信说："您的意见很好。我希望钱都由您支付，每行五元。当您把稿子和钱寄来以后，我很乐意把它刊登在广告栏里。"

由于合作关系不同于领导与被领导的关系，所以处理事情应该平等协商，相互提意见、表示不同观点也应客气委婉些，以免伤了和气。以幽默语言来表达就是不错的主意。

歌唱家夏诺·帕蒂拉举行独唱音乐会，乐队里钢琴伴奏却自顾自弹得很起劲，以至琴声不时盖住歌声。尽管帕蒂拉数次向他暗示，可他全然不予理会。

演唱会结束之后，帕蒂拉跟自己的合作伙伴——钢琴家亲切握手，并幽默地说："先生，今天我很荣幸，能参加您的钢琴独奏会。"

歌唱家用幽默的语言传递了对合作伙伴的不满，而且还照顾了对方的面子，不失为一种巧妙而得体的化解冲突的方法。个性化幽默可以使给予和获得的双方体认共同的问题，并站到对方的立场来看待事情。

意见可以提，但要幽默一点

幽默心得 对同事有意见不难理解，但提意见最好用幽默的语言委婉地表达，这不仅能使同事在笑声中思考，还能让同事愿意和你接触，为自己赢得人脉。

在工作中，同事之间免不了有不同的看法，这时最好以商量的口吻提出自己的意见和建议，语言得体是非常有必要的。最好尽量不要使用"你从来也不思考……""你总是弄不好……""你一点也不懂"这类绝对否定对方的措辞。如果再添加一些幽默元素，那效果会更令你满意的。

当同事犯错误的时候，假如能采用幽默的方式来指出，不仅能够拉近彼此的心理距离，而且会在气氛和谐中收到事半功倍的效果。

一名女员工星期一上班又迟到了。负责考勤的男员工问她："小姐，星期天晚上有没有时间？"

"当然有，先生！"姑娘笑着回答。

"那就请您早点休息，省得您每个星期一早上上班迟到！"

男员工对女同事的提醒是善意的，又以幽默委婉的方式表达出来，女员工自然会更乐于接受。每个人都有自尊心，如果我们伤害了别人的自尊心，必然会引起对方的反感。在向同事表达出自己的想法和要求时，我们应该有一个真诚、坦白的态度，让同事觉得我们是希望得到合作，而不是故意在挑他的毛病。

在工作中，同事之间如果发生争执，有时还会搞得不欢而散，甚至使双方心生芥蒂。发生了冲突或争吵之后，不管能否妥善地处理，总会在心理、感情上蒙上一层阴影，给日后的相处带来障碍，最好的办法还是尽量规避它。我们可以委婉地表达对同事的意见，运用幽默的方式避免跟同事直接"交火"。

有一家公司的餐饮部，伙食非常糟糕，收费却很贵，职员们经常抱怨吃得不满意，甚至还骂餐厅负责人。

这一天，一位职员买了一份菜后叫起来。他用手指捏着一条鱼的尾巴，从盘子里提起来，对餐厅负责人喊道："喂，你过来问问这条鱼吧，它的肉去哪里啦？"

这位职员用一种开玩笑的方式，不仅让同事认识到了自己的错误，而又不至于伤害彼此之间的感情。当对同事的某些做法不满时，我们也要善于克制自己的情绪，委婉地表达自己的意见。

幽默的语言可以使同事在笑声中进行反思，而嘲笑却会让人感到你有恶意，这是最为伤人的。出现分歧时，要真诚、坦白地说明自己的想法和要求，同时，要善于聆听，能够耐心、仔细地听同事的意见，从中发现合理的部分，并及时给予肯定或表明自己的想法。

假如你面对的是一位不合作的同事，请务必要先冷静下来，不要让自己也成为一个无法合作的人。你的宽容可能让你一时感到委屈，但这不仅表现出你的修养，也能使对方逐渐地平静下来。其实，每个人都有出现失误和过错的时候，对别人这些无意间犯下的过错给予充分的谅解，并且用幽默的方式委婉提出，正体现了你宽广的胸怀。

同事有难，巧用幽默来解围

幽默心得 有时，身边的同事会陷入某种尴尬中，这种情况下，我们就需要运用幽默的语言来为同事解围了。如果能把握好这难得的机遇，你就可以赢得同事的信任喽。

在职场中，幽默的语言无处不在，它已经成为我们跟上司、同事交际的调

和剂。其实，幽默本身就具有一种特性，一种让人心生愉悦的特性；幽默感还是一种能力，它能有效地影响他人心理，增进我们跟同事之间的感情。此外，幽默还是化解尴尬的良方，幽默的语言通常能够令人化怨为喜，从而开怀一笑。

当同事陷入一些不友好的语言或尴尬的场面时，我们最好不要硬碰硬，而应该换个角度看问题，用幽默的语言来应对。这样，我们就能够使整个气氛变得轻松愉快，帮助同事摆脱尴尬情境。当然，幽默的语言并非指油滑、浅薄地耍嘴皮子，而是一种处世智慧，它在传达幽默信息的同时，还可以化解尴尬，帮助同事在短时间摆脱窘境。而你的仗义相助，必然能够赢得同事的信任。

有位老师应邀到北京某大学中文系作家班举办学术讲座。在谈及自己喜好的诗作时，这位老师准备朗诵一节内容，可是，诗稿被他遗忘在一个学员的课桌上，他需要走下讲台去拿。

教室是阶梯式的，在上台阶的时候，他一不留神跌倒在第二级台阶上，不少学员哄堂大笑，那位老师的脸涨红了。这时，跟老师一同前来的助手接过了话筒，指着台阶说："你们看，上一个台阶是如此地不容易啊，老师希望告诉我们这样一个道理：生活不容易，作诗同样不容易。"那位助手的话语顿时赢得了满堂的掌声。

表达了对学员们的谢意后，助手接着说："一次不成功不要紧，再努力！"在他说话的时候，那位老师已经整理好了心情，微笑着重新走上讲台，继续自己的讲座。

那位助手巧言化解了老师的尴尬，当然，在这个过程中，相信那位幽默的助手不仅给下面的学员留下了深刻的印象，还赢得了老师的信任。

幽默是一种说话的艺术，需要我们在各种场合中察言观色，适时幽默几句，这样就能及时帮助同事摆脱尴尬和烦恼了。事实上，生活中的任何事情都包含着正反两面，其中的对与错、利与弊都是相对的。因此，在帮同事解围的过程中，我们应该辩证地看待问题，扬长避短，这才是用幽默打圆场的最高境界。

林语堂先生说："幽默是一种人生态度。"幽默的语言能使紧张的气氛立刻转变为轻松活泼，使交际中的尴尬情境得以化解。当然，在帮助同事解围时，我们应该从善意的角度出发，用幽默的话语去缓和紧张气氛，调节尴尬的氛围。这对促进我们跟同事之间的关系有着积极的意义。

交谈小幽默，为办公室增添情趣

幽默心得 幽默的话语可以使交谈锦上添花，使职场生活充满情趣。一个擅长幽默并喜欢用幽默为交往增添情趣的人，也就理所当然地能够得到同事们的喜欢。

很多人觉得跟同事没话聊，特别是当彼此存在一些利益纠葛时，关系就会变得更加微妙。如果不巧碰到一起，只能随便聊几句诸如"今天天气不错"、"这周加班吗"之类的客套话。其实，同事一场完全没必要如此拘谨，这样紧张兮兮，不仅会使工作越发枯燥，还会让生活更加乏味。你完全可以尝试添加一些幽默元素，为闲聊增加一些乐趣，因为乐观和幽默可以消除人与人之间的敌意，并营造一种亲近的人际氛围。

职场人际关系对每一位职场人士都非常重要，可惜的是，很多职场人士对于处理同事关系感到棘手，抱怨甚多。其实，做个受人喜爱的同事很容易，只要你为人不坏，言谈风趣幽默，就能够笼络到周遭同事的心。道理很简单，人们都喜欢跟幽默的人一起相处，特别是在压力重重的职场当中，一颗能够为大家带来欢声笑语的"开心果"，想不受人追捧都难。

一天，王强公司所在写字楼的电力系统出了故障，办公室陷入一片黑暗，楼道里不停地冒出白烟。闻到异味后，各公司的人都冲了出去，个个紧张兮兮，不知如何是好。

这时，一位物业公司员工灵机一动，向各公司职员发放健康手册，以此转移大家的注意力。不一会儿，王强公司的美国老板从办公室里冲了出来，问王强发生了什么事。王强扬了扬手中的自救手册，答道："我们正在研究自

救手册，看看在危难情况下怎样保护自己。"

老板和同事们都被他逗得大笑，笑罢老板又问："为什么不给我一本呢？"王强接着说："我会马上为您翻译的。"

工作中，各种无法预料的事件层出不穷。当大家因某事感到无聊和紧张时，你不妨来两句幽默语调节一下气氛。一方面，让同事和上司都感受到你的幽默风趣、平易近人；另一方面，让上司特别注意到你，给上司留下一个不错的印象。当然，这种幽默要把握好尺度，千万不要让其他同事觉得你在讨好巴结上司。

一次，马连良先生演出《天水关》，他在剧中饰演诸葛亮这一角色。

开演前，饰演魏延的演员突然因病不能上场，一位来看望他的同行便毛遂自荐，临时替演魏延。当戏演到诸葛亮升帐发令巧施离间计时，这个演员想跟马连良开个玩笑。本来，他饰演的魏延应该退场，可他偏赖在台上不走，还摇摇摆摆地对着诸葛亮一拱手，粗声粗气地说道："末将不知根底，望丞相明白指点！"

这个突如其来的情况并未难倒马连良。他先是微微一怔，随后对"魏延"一笑，说道："此乃军机，岂可明言？请魏将军站过来。"

这位同行见状，便凑到马连良跟前，看他扮演的"诸葛亮"到底有什么计策应对。只见"诸葛亮"稍微侧了一下身体，俯在"魏延"耳边轻声说了几句话，那"魏延"顿时微笑起来，口中连呼："丞相好计！丞相好计！"

说罢，魏延这才喜滋滋地下场去了。

这是一段临场随意加的戏，连台下的老观众也没看出其中的端倪。其实，马连良的"好计"只不过是压低嗓门，笑着对存心捣蛋的同行骂了一句："你这个王八蛋，还不快点滚下去！"

演员演戏如同歌手唱歌，翻来覆去一遍又一遍地演，再精彩的戏也会让演员自己觉得单调而枯燥。于是，替演的演员突发奇想，在舞台上跟"诸葛亮"开了个小玩笑，二人一唱一和现场"加戏"，台下观众看不出不妥之处，两个人表演得也是天衣无缝。后来，这段加戏成为了剧场中的一段佳话，一直被演员及观众们津津乐道。不过，此类玩笑只适合在熟人面前开，如果对方是不太熟的同事，甚至在工作上存在竞争关系的话，那这样的幽默恐怕就有整人之嫌了。

在工作间隙，李健和几位同事坐在一起闲聊。

一位心性刻薄的同事说："有些人的腿太长，而有些人的腿又太短，看起来特别难看。"

另外一个同事问李健："那么，你觉得一个人的腿应该多长才恰到好处呢？"

"我想，它们应该最少长到能够碰到地的长度。"李健随口答道。

大家哈哈一笑，笑的同时不禁为李健的幽默所折服。

这是一个无聊的问题，如果较真的话不仅毫无意义，也更显乏味。跟同事交谈时，假如你也碰到了类似无意义，或者一时无法回答但又不得不答的问题，也可以学学李健的招数。它的妙处在于伸缩性强、有一定变通性、语意不甚明确，这样就使得谈话变得有趣起来，同事间的交谈也更有情趣。

特别是在工作紧张的时候，你说一个小幽默开开玩笑，不仅可以有效缓解紧张气氛，帮助同事放松神经，还能让你的形象也变得更可爱、更亲切。

打个比方：你所在的部门正在做一个大项目，全体人员绷紧了神经。好不容易熬到了午饭时间，一位美国同事不小心把可乐打翻了，汉堡也滚落到地上。她为此大为恼火，一边清理一边不停地唠叨说，蟑螂部队准保会在下午大规模地袭击办公室。这时，你不妨微笑着说："绝对不会发生这种事，因为我们中国的蟑螂只爱吃中餐！"轻松的一句幽默，就可以使同事紧张的神经得以放松，你们的关系也会因此更近一步。

当然，我们跟同事玩幽默不能无所顾忌地乱开玩笑，应该注意把握分寸、分清场合。特别是外国同事，开玩笑更要谨慎一些，应该先了解国与国之间的文化背景和职场习惯，因为某些文化差异可能会令你陷入哭笑不得之中。

作为一名职场人士，建立良好的职场关系，得到同事的尊重，无疑对你的生存和发展有着重要的意义。而且，人际关系和谐，工作环境也会变得轻松愉快，这会帮助你忘记工作的单调和乏味，用良好的心态去面对工作、面对生活。

男女同事话幽默，过犹不及

幽默心得 在办公室这个无风都有三尺浪的地方，男女同事之间的话题应主要放在工作上，工作以外的话题最好蜻蜓点水、浅尝辄止，不可漫无边际、肆意扩大，因为那对你的形象可没有任何好处。

俗话说："男女搭配，干活不累。"这话说得很对，职场中，男女同事保持正常交往，能大大提高工作效率。不过，男女同事毕竟存在性别差异，要平衡好这之间的关系可不简单。职场男女不能跟异性同学或朋友相比，谈话可以海阔天空、家长里短，就算玩笑开得过分了，大家也会嬉笑一下了事。男女同事之间就敏感得多，一旦弄错了开玩笑的对象和内容，不仅会招致异性同事的反感，还可能会对自己的职业生涯不利。

假如你要开玩笑缓和气氛，也请先记住，这不是同学聚会，更不是自己家的客厅，玩笑一定要把握火候，莫要开得太过分。

跟异性同事开玩笑，我们要注意按照性别选择说话的内容和表达方式，要严格把握分寸，不管在内容和方式上，都要充分考虑异性的接受范围，努力使自己的言行吻合接受者的性别特点。下面几个小故事，就是值得学习的幽默案例，大家可以借鉴一二。

在一次宴会上，达尔文和一位迷人的女士亲切地攀谈着。

女士嬉笑着问道："亲爱的达尔文先生，听说你曾断言，人类都是由猴子变来的。那么，我是不是也属于您的论断之列呢？"

达尔文彬彬有礼地回答："那当然。"

听他这么回答，女士有些不悦，板着脸问道："怎么，您看我跟猴子很像？"

达尔文见状，连忙微笑着解释："是的，不过，您不是由普通的猴子变来的，而是由长得非常漂亮迷人的猴子变来的。"

女士听了这话，马上多云转晴。

达尔文的幽默极其简单，可以看做一种微笑式的称赞。但是，这种简单的幽默可以取得非常不错的效果，不仅能让你坚持自己的观点，还能巧妙地赢得对方的好感。跟异性同事相处，借助这种幽默的方法称赞对方，通常可以迅速拉近彼此间的距离。当然，把距离拉得太近、表达语气太黏腻也是不宜的，那样会有油嘴滑舌、勾引异性同事之嫌。

在航空俱乐部的一次集会上，某青年军官被一位漂亮的空姐迷住了。那位空姐身穿晚礼服，胸部微露，颈上戴着一个闪闪发光的金色小飞机的项链。

看到女孩白皙、丰满的胸部，青年军官难为情地低下了头。空姐温柔地问道："怎么，你喜欢这个金飞机？"

青年军官犹豫了一下，终于鼓起勇气小声说："小飞机是很漂亮，可更漂亮的是……机场。"空姐听了开心地笑了。

青年军官的这个小幽默，明显带有"色"的味道，但是，他对分寸把握得十分好，他没有俗不可耐地说"更漂亮的是你的胸部"。这个答案让空姐非常意外，很难不为小伙子憨实的风趣所吸引。当然，这种幽默必须足够真诚，自尊自重，假如你摆出一副垂涎欲滴的样子开这类玩笑，那可就太不妥当了。

马场老板带着新来不久的女员工骑马巡视马场。走着走着，眼前出现两匹马儿，一公一母，它们竟然交颈亲热起来。马场老板满脸向往地对女员工说："你看，那正是我想做的。"

女员工没有生气，而是咯咯一笑，爽朗地说："尽管去做吧……反正它们都是属于你的。"

很明显，老板想要趁机占女员工的便宜，提出了一种很不礼貌的暧昧暗示。对此，假如女员工直接斥责，肯定会招致老板的不满，丢掉工作也未可

知。于是，女员工故意装糊涂、开玩笑，让老板吃了个大软钉。这种反击式的幽默，对于应付职场骚扰非常管用，紧抓住对方言辞、肢体的小辫子予以反击，比迎头给他泼一盆冷水更有效。

有的男同事喜欢在女同事面前说黄色笑话，这是很不得体的，这会降低自己的人格，也会让对方认为你在意图勾引，对你的印象会因此大打折扣。还有一些低级笑话，对于同事沟通根本毫无益处，还会降低你的整体水准。至于究竟什么是高雅的，什么是低级趣味的，各人的标准和反应各不相同。因此，在跟不同的异性同事开玩笑时，你一定要懂得察言观色，假如对方没笑，甚至不高兴，就要及时收回自己的话，以免引起不必要的误会。

除了幽默，利用自己性别方面的优势去帮异性同事一把，也能使双方愉快共事。比如，男性能承受艰苦劳累的工作，善于理性地分析并解决问题，等等；而女性则有更多耐心，做事细心、有条理，等等。所以，男女同事一起工作时，男性应该主动分担一些女人们不太擅长的差事，而女性则要多做些细节方面的工作，这对促进同事关系会大有裨益。

美国式幽默，跟同事分享欢乐

幽默心得 马克·吐温曾经说："让我们努力生活，多给别人一点欢乐。这样我们死的时候，连殡仪馆的人都会感到惋惜。"能做到这一点的人，往往都深谙美国式幽默，他们在工作上通常会十分顺利。

欣赏别人，跟大家一起笑，这是与人沟通的一个重要途径。身在职场，如果懂得欣赏同事，跟同事分享欢乐，那我们就能让别人了解我们，并跟我们建立共同的志趣、共同的目标。而美国式幽默，可以让你更有亲和力。

有一位拳击手，在一次拳击比赛中以幽默而享誉拳坛。他在同对手较量

第三章 幽默给点力，职场才能有活力

到第二回合时，头部被打了一拳，倒在地上。对手在他身边跳来跳去，准备在他爬起来后给他以更致命的一击。谁知这位拳击手爬起来后，笑嘻嘻地跟对手说："我把你吓坏了吧？"

对手不解地眨着眼睛。

他继续说："你一定吓坏了，你担心会把我打死。"

那位对手松开咬紧的牙关，被逗笑了。

比赛继续进行。虽然在台上他们仍然是对手，但是比赛结束后，人们却发现他们互相搀扶着走进一家酒吧，成了一对知心朋友。

有人说，从那以后，他们俩尽量避免同台交锋；他们共同研究战术，打败了一个在当时气焰非常嚣张的拳王。

当然，我们不可能欣赏所有的人和所有的事。通常我们只会欣赏那些能在感情上让我们接受的人和事，对那些无法容忍的人和事我们很难去欣赏。更多的时候，由于受到生活的种种压抑，我们免不了要发泄、要抱怨。

假如采用幽默的方式进行抱怨，那它就会明朗而有力，并且不至于破坏自己的情绪。公司总裁、部门经理、业务主管、团体负责人、计划主持者等身居领导地位的人，常常会成为幽默抱怨的当然目标。比如，我们经常能听到这样的抱怨：

"嗯哼，我服了。我不得不佩服那些政治家们，他们回避重大问题的技巧太高明了！"

"你发现总统最近有点反常吗？他处理问题变得更谨慎了，大概想跟第12任总统泰勒比比谁更伟大吧！"

大概所有的美国总统都被人开过类似的玩笑，不管是他的个性、他的政策、他的成就，都曾被人们作为开玩笑的题材。在公司情形也一样。

有一次，在一个公共集会上，有3个年轻人谈论各自的老板：

第一个说："看来我在我们公司已经没有前途了，我的老板没有女儿。"

第二个说:"我们老板人还算不错,他为职员做的事情可以用小指头数出来。"

第三个说:"我们老板有些诈,但也很公平,因为他对所有人都那么诈。"

类似的抱怨不胜枚举,而大部分领导阶层也能接受下属向他发泄的抱怨。有的不仅能够接受,还会回报以玩笑。

有一位人事经理准备举行金婚纪念宴会。他特意向老板请一天假,他说:"我跟您不同,您结过三次婚,金婚纪念日自然比我多。"

老板说:"就算真的这样,你最好也不要每隔50年就来烦我一次。"

有一个推销员一心想得到升迁,他去找老板说:"我干得一点也不赖,这是有目共睹的。我真担心你的眼睛患了急性近视症或者慢性黏膜炎。"

老板微笑着说:"好吧!我考虑一下该让你去哪个部门当负责人。不过,在这之前10年里你得努力工作。"

还有这样一则幽默故事:

某公司老板为了激励职员按时上班,为75名职工提供了50个免费停车位置。于是,职工们争先恐后地提前往公司赶,生怕去晚了车子没地方停放。

结果,大家越赶越早,终于有人受不了了。一个职员向老板抱怨说:"看来你们家只有一张小床,夫人先把自己放上去了,你就不知道该怎么办。"

"这好办,"老板说,"我也把自己放上去,谅她也不会起诉我。"

这就是所谓美国式的抱怨,它可以触及对方的痛处,但又不会让对方跳起来。假如他真的跳起来,那只能说明他是一个心胸狭窄、不能正视问题的人。同时,这种抱怨也可以改善我们自己的心情,在借助幽默打消对方敌意的同时,它还可以打消我们对生活的敌意。我们要尽量消除对周围人或事的敌意,因为它是一种可以置人于死地的毒素,一旦放任,它就会毁掉我们的生活。

当同事取笑我们的时候,最能够平息风波的办法是跟着他一起取笑你自己。假如你是一位领导者,就要表现出开明豁达的领导者风度。当然,这种笑并不是指以自己为中心,而是以关心他人为前提,以幽默的方式来邀请他人跟你一起笑。

不过,在问题已经非常明显的情况下,再坚持"多一事不如少一事"只能被定性为懦弱了。这种时候,我们可以用幽默的方式委婉地提出自己的意见。

如果不能领略别人的幽默力量对我们有何贡献,那我们也就不太可能发挥好自己的幽默力量,并给别人以激励。要想表现我们重视别人带来的好处,最好的办法就是跟他一同笑。

即便是荒谬的话语,也能因其趣味性而增进个人工作的价值,并且有效驱逐挫折感,这就是幽默力。下面两位保险公司业务员的推销语言可以说明这一点。

有两个推销保险的人,他们争相夸耀自己的保险公司付款有多快。

第一个说:"我的保险公司十次有九次都很及时,在意外发生当天就能把支票送到保险人手里。"

"那算什么!"第二个很不屑,他骄傲地说,"我们公司在纽约大厦的二十三层。这栋大厦一共有四十层,有一天,我们的一个投保人从顶楼跳下来,在他经过二十三层的瞬间,我们就把支票交给他了。"

我们跟同事开玩笑,给同事送上欢乐,跟同事一同笑。其实,我们完全可以把同事们最希望从他们的工作中得到的给予他们,那就是用更轻松、更坦诚的与人分享的态度,把欢乐幽默地传递出去。

第二节 跟上司幽默，赢得他的赏识

缺少幽默，很难获得上司的赏识

幽默心·得 想要拉近跟上司的距离，得到上司的赏识，就要在措辞用句上多下一些功夫。一般说来，幽默语言的效果应该比较理想。

对于许多职场人士来说，最大的苦恼莫过于工作很卖力，却得不到上司的赏识。如果要获得上司的赏识，我们就要主动拉近跟上司的距离，当然，谁也不能否认要消除跟上司的距离感首先要做好工作，甚至做得十全十美，这样上司才会觉得你是一个有用的员工。但是，只懂得埋头苦干并不一定会得到上司的赏识。美国人力资源管理专家科尔曼提出："职员能否得到提升，很大程度上不在于是否努力，而在于老板对你的赏识程度。"那么，如何才能得到赏识呢？

假如你因为得不到上司的赏识而苦恼或者想在公司有一番作为，那你不妨将跟领导的交流方式化严肃为风趣，说不定会取得出人意料的效果。

一个年轻人在找工作，他来到麦当劳应聘钟点工。老板问他："你会做什么？"他说："我什么都不会，不过我会唱歌。"

老板说："你就唱一首歌试试吧。"于是，他就开始唱歌了："更多选

第三章 幽默给点力，职场才能有活力

择，更多欢笑，就在麦当劳！"

老板一听就笑了，随后又问了他一些对于麦当劳有什么了解之类的问题。最后，年轻人被顺利录用了。

上面的例子中，年轻人在面试中借助了幽默的力量，他首先就以唱歌的方式说出了麦当劳的广告语，不仅顺利博得老板一笑，同时还获得了老板的好感。

职员："经理，您实在是热爱工作的人！"
经理："我正在琢磨这句话的含意。"
职员："因为您一直都紧紧地盯着我们，看我们有没有正在工作。"

职员通过跟经理开玩笑，不经意中就拉近了跟经理的距离，况且经理也是一个幽默的人。跟上司开玩笑一定要把握好时机，最好能够抓住跟上司面对面谈些风趣的俏皮话的机会。比如，两人一起等电梯或者在卫生间一起洗手都是大好时机。另外，幽默地"冒犯"上司也是拉近彼此距离的好办法。

即使是以沉默严谨而著称的美国总统柯立芝，也曾被人用幽默的方式"冒犯"过。

有一次，柯立芝总统去华盛顿国家剧院看戏剧演出。

看了一半的时候，总统就开始打瞌睡了。演员马克停下歌唱，走到前排，提高音量对总统喊道："总统先生，是不是到了您睡觉的时间了？"

总统睁开眼睛，环顾四周，终于意识到这话是冲着自己来的。他站起身来，微笑着说："不，因为我知道今天要来看你的演出，所以一夜没睡好，请继续唱下去吧！"

马克并没有因此开罪总统，相反，他倒成了总统的好朋友。这则幽默的对话不仅表现了演员直言不讳的幽默，也展示了柯立芝总统的机敏和幽默感。不难看出，适时适度地使用"以下犯上"的幽默，往往能够拉近跟上司的距离，

赢得上司的理解和信任。

当工作太累的时候，很多职员都会偷个小懒，这时如果被老板抓了个现行，你会怎么应对呢？

有一个建筑工地的工人被安排去搬运东西，可是他每次只搬一点。工头实在看不过去，不得不开口说话。

工头："你在做什么？你看别人每次都搬那么重的东西！"

工人："嗯哼，假如他们要懒到不像我搬这么多回，我也拿他们没办法。"

幽默的狡辩，工头也被逗笑了。

工人以幽默的语言为自己的偷懒行为狡辩，老板就算会批评他，也会比较随和，责罚也会轻一些。如果你对于装疯卖傻的演技颇有心得，那么不妨也在对你颇有微词的老板面前，以若无其事的样子告诉他下面的话："幸好我已经娶老婆了。"当然，你的老板很难理解你这一句话的意思，必定是一脸茫然的样子。这种时候，你可以如同自言自语一般对自己说："所以，我现在才能习惯别人对我的唠叨……"

的确，幽默有时可以拉近跟上司的距离，不过，生活中任何事情没有绝对的，跟上司距离的远近也同样如此，距离太远或太近都是不合宜的。假如一个人对分内工作不认真，成天围着上司转，只知道说好话、空话，刻意巴结奉承上司；或者整天坐在那里等上司安排工作，如同提线木偶一般，上司拽一下，他才动一动，无形中被上司给疏远了，这都是不可取的。因此，一定要掌握幽默接近上司的技巧。

自我推销，离不开幽默力

幽默心得 现在已经进入自我推销的时代，如果职场人在自我推销的过程中加入幽默的成分，往往比恭维上司要有用得多，对职场的发展也会起到事半功倍的效果。

在当今社会中，积极地进行自我推销的职场人士越来越多，尽管能力的高低是重要的影响因素，但推销方法的高明与否则是决定成败的关键。有些人甚至就因为方法不到位，虽然才华横溢，但却不能给上司留下好的印象。在自我推销的过程中，如果能加入一些幽默的成分，那效果就会有很大的不同。

美国著名销售大师杰弗里·吉特默特意给他的猫制作了一张名片。每次推销的时候，他都会对客户说："我的丽托猫有一张属于自己的名片。它是我的吉祥物。不管我要找哪份重要文件，总会发现它躺在上面，这很有趣。而我每次参加研讨会的时候，我总会散发它的名片，原因不过是为了逗人一笑。但是，每个收到名片的人都会保留它，把它拿给别人看，并跟别人谈论我。"

杰弗里·吉特默为他的小猫设计名片并分发给客户，这是多么有趣的创举。假如有人给你一张这样的名片，你会如何想？你会通过它而记住对方吗？很明显，借助这种方式，杰弗里·吉特默成功地推销了自己。所以，请记住名片代表着你的形象，它应该有新意、有趣、吸引人。

在自我宣传中，还可以采用自夸的幽默技巧。有些人觉得自夸可耻，可是事实告诉我们，它是一种宣传、广告，是一切商业行为的基础。

当然，在向别人推销自己时，假如言辞太过于自夸，可能在较含蓄的社会中是不太容易被接受的。不过，同样是一句自夸的话，如果是由具有幽默感的人来说，听起来就不会那么刺耳。下面就是一个借助幽默的方式来夸耀自己的成功案例。

美国职业棒球界的某选手曾夸耀他自己的跑步速度说：

"如果我告诉你我能跑得多快，您恐怕会吓死哦！只要我打出全垒打时，观众还没听到球棒打到球的声音，我人可能已经到一垒了。"

——如此说来，这名球员的速度简直就是超音速了嘛！

自夸的话语之所以听起来让人觉得刺耳，是那些话语中经常出现夸张不实的描述，或许我们可以更肯定地说，自夸的话往往都会有些吹牛的成分。可

是，21世纪的今天是个自我推销的时代了。强鹰如果不张爪，那它可能终其一生都捕不到好猎物。而那些本身毫无才能，但装着尖锐假爪的劣鹰，却能靠外表迷惑敌人而时时大快朵颐。

话虽然如此说，但过分或过于低俗地自我炫耀还是不可取的，因为会招致别人的反感。所以说，一句兼具自我宣传和自我炫耀的话，它必须具有适度的幽默感，这样才能避免引起反感，并让人愉快地接受自己。一句话，自我推销要够胆量，自我宣传要有幽默力。

给上司提建议，幽默的方式更可取

幽默心得 当下属需要向上司提建议时，如果想使自己处在进可攻、退可守的位置，甚至让自己立于不败之地，最好借助幽默的力量，把建议含蓄委婉地表述出来。

在职场中，下属时常需要向上司提出一些自己对所从事的工作的看法，或者对项目发展、业务开拓的建议。在表达自己的看法或者建议的时候，有些下属常常因为在语言表述方面的失当之处，让上司对自己颇有微词，从而致使自己的一些看法或建议很难得到上司的认可。更严重的话，还有可能使上司对自己产生一些偏见，使自己在单位中的处境越来越不乐观。其实，下属对上司提意见也是一件非常需要技巧的事情。在各种向上司提意见的方法之中，借助幽默的语言是一种备受职场达人青睐的方法。

某天早上，一位将军去视察士兵的时候，顺便询问了一下士兵们的早餐状况。大多数士兵都含糊其辞地对将军说"还行"、"可以"，只有一位士兵一脸满足地说："半片蜜西瓜、一个鸡蛋、一碟腊肉、一碗麦片粥、两个夹肉卷饼、三块蛋糕，长官。"

将军听了之后，非常疑惑地对这位士兵说："这都快赶上国王的早餐了！"这位士兵毕恭毕敬地继续说："长官，很遗憾，这是我在外面餐馆吃的。"

视察结束后，将军即刻下令改善了士兵的伙食待遇。

这位士兵用一种迂回的方式表达了对军中伙食的不满，他的语言幽默而俏皮，不仅让长官一下子就弄清楚士兵们想要的伙食标准，而且还让长官更容易接受自己的想法。尽管只是一个小小的幽默，但它的功效就是这样地奇妙。

身处职场，虽然我们不能简简单单地在收入和能力之间画上等号，但是，收入毕竟是我们的工作能力或工作价值的一种直观反映，没有人不希望自己的工作成绩能够跟自己的收入成正比。当员工们的业绩跟收入不相符的时候，员工们当然会想办法向上司表达出自己提升工资的愿望，但这种提议的风险很高，一不小心就会误踩地雷。员工们需要在合适的时机、合适的地点，非常机智地向上司表达出来，这样才能让上司更容易接受。

李涛在一家外资企业工作，他是一个非常有才华而且智慧出众的人。有一次，他接连两次提出的建议都被公司主管采纳了。时间不长，这两个建议就分别使公司的销售业绩提高了15%和18%。

公司老板非常高兴，鼓励李涛说："继续加油干，我不会亏待你的。"

听了老板的话，李涛以开玩笑的口吻说："您就放心吧，我相信您会把这句话一起放进我的薪水口袋中的。"

老板会意地笑了，爽快地说："会的，一定会的。"

不久，李涛如愿以偿地加了薪。

李涛巧妙地用寓庄于谐的言语轻轻松松就让老板的鼓励变成了自己口袋里的钞票。他能够顺利实现自己的加薪想法，就在于他成功地将加薪的严肃问题以非常俏皮的玩笑话展示出来。

在工作中，每一位员工对自己分内的工作都有不同理解，上司不可能永远都是正确的。对一个称职的员工来说，有自己对工作原则的坚持也是一件非常重要的事情，敢于指出上司工作中的不足是需要很大勇气的。当然，有勇的同

时还需要有谋,如果职员能够比较幽默地"以其人之道,还治其人之身",通常可以让上司有一个足够清醒的认识,并对自己的不足有一个比较深刻的反思。

刘经理的官僚作风特别严重。一天,单位新聘任了一位员工,刘经理颐指气使地对这位新员工训话:"小王,你既然在我手下做事,就一定要学会'服从'!服从,明白吗?就是让你向东,你就不能向西,让你做什么,你就要做什么。""是是是!"小王诚惶诚恐地答道。

没过两天,一位客户来洽谈业务。刘经理吩咐小王倒茶、递烟。做完这两件事之后,小王就站在了一旁。刘经理想为这位客户点烟,发现桌上没有打火机,就气急败坏地对小王骂道:"笨蛋!烟、打火机、烟灰缸这是环环相连的,这种相关联的事情不必另外吩咐!你聪明点行不行!"小王连忙点头称是。

第二天,刘经理感冒了,就让小王去请医生来瞧瞧。没想到,小王出去了三四个小时才回来。刘经理大怒,又骂道:"笨蛋!怎么办这点小事花了半天?"

小王故意大声地回答:"经理,您要知道,这要花费不少时间呢!现在医生、律师、棺材店老板、殡仪馆老板都在外面等着呢!"

傲慢刁难的刘经理就这样被这位新来的员工用自己的方式好好地收拾了一回。当然,这仅仅是一个逗人发笑的幽默故事,不具有借鉴意义,但是它对我们有一个启示作用:当我们面对一些类似于刘经理这样的对下属没有起码的尊重的上司的时候,我们应该拿出一些自己的态度。

面对上司,我们就要学会幽默地表达自己的看法,敢于提出合理的建议。只有这样,我们在职场才会有更广阔的发展空间,才能离成功更近一些。

上司出现失误,借幽默来暗示

幽默心得 上司有了失误,假如下属的谏言引起上司的厌烦,那他无疑会陷自

第三章 幽默给点力，职场才能有活力

己于职场的不利境地；假如下属能够轻松愉快地让上司认识到自身的问题，那他无疑会赢得上司的更多信任。

俗话说："人非圣贤，孰能无过！"即便是再优秀的上司，也会有工作失误的时候。当下属遇到这种情况之时，是应该选择视而不见呢，还是应该选择向上司直接指出其失误之所在呢？无论哪一种选择，能否让上司心悦诚服地认识到自己的失误，而且又不会让上司觉得丢面子，甚至对下属产生厌烦之感，才是最为重要的。

下属向上司提示其工作中的失误是一件非常微妙的事情，要是下属不能够充分考虑上司的心理变化，就算下属提的意见是对公司的发展有利的，当遇到那些心胸不够宽广的上司时，也很可能会在以后的工作中被"穿小鞋"。所以，如何巧妙地指出上司的错误是每一位下属都应该学习的功课。

汉武帝苦于寻找长寿的秘诀，并一直相信自己能够长生不老。一天，他在朝堂上对大臣们说："朕最近刚看了一本相书，上面提到：假如一个人鼻子下面的'人中'越长，就证明他的寿命越长；如果'人中'有一寸长，这个人就可以活到一百岁。不知这种说法是真是假？"

当时东方朔正好在场，他知道皇帝肯定又在做长生不老之梦了，嘴里就不自觉地"哼"了一声。汉武帝立刻面露愠色，喝道："东方朔，你怎么笑话我？"

东方朔忙恭恭敬敬地答道："微臣不敢，臣是在笑彭祖的脸太难看了。"

听了这话，汉武帝禁不住大笑起来，怒气也都消散了。

彭祖是传说中的长寿神仙。据古代典籍记载，彭祖为颛顼的玄孙，自尧帝起，历夏、商等数个朝代，足足活了八百多岁。东方朔只是简单地向汉武帝提及彭祖长相，就风趣诙谐地让汉武帝在一笑中认识到了自己想法的荒谬之处。

能做上司的人大多数都是聪明人，下属在指出上司的错误之时，多用一些像东方朔一样的含蓄的幽默之语，就可以在顾全上司颜面的同时，有效地实现自己的目的。这种寓言于笑的说辞，不仅能让上司听起来顺耳，更容易接受，而且还能让上司对自己的失误有比较深刻的印象，从而进行更为深刻的自

我反思。

有一家公司在6月份的销售额非常不理想。在月底总结时，公司主管大发脾气，对销售员们撂下狠话："就你们这种工作水平，怎么在市场上混？要是你们无法胜任这项工作，会有人替代你们的！"

随后，他又指着一名刚进入公司的退役足球队员，问道："如果一支足球队无法获胜，队员们全部都要被撤换掉。是不是？"沉默片刻过后，这位前足球队员回答道："主管，通常情况下，要是整支球队都有麻烦的话，我们一般要换个新教练。"

对于销售额不理想的事实，这位主管不仅不主动从自身找原因，还大声呵斥下属，这对下属们来说是非常不公平的。因此，当主管想通过这位新来的员工证实他故意责难下属们的合理性时，这位员工顺势间接地用自己以前的经历打了个比方，巧妙地暗示出主管的不足，从而让其对自己的行为有所反思。假如他选择直接反驳主管的话，极有可能起不到任何作用，甚至还有可能使自己和上司之间的关系因此恶化。

拒绝上司，语言要够幽默

幽默心得 在日常工作中，有时候，我们难免需要拒绝上司的一些要求，这时，幽默的拒绝方式能让对方不受到伤害，并且在轻松的氛围中理解你的处境。

在日常工作中，对于上司提出的要求，我们不能一味用"是"来应对，一定要学会拒绝。有的人不愿意对上司说"不"，担心使自己陷入了尴尬之中，或者使上司认为自己能力不够，甚至会造成跟上司之间关系的不融洽。可事实却恰恰相反，说"是"同样会出现这些问题。如果想缓解直接拒绝带来的负面性，我们可以往语言里加一点幽默的调料，这样，不仅能维护上司的面子，还可以给自己解了围，可谓是"一举两得"。

拒绝，往往意味着否定对方的意愿或行为，稍有不慎，就会伤害到他人的自尊心。拒绝的话很难说，一旦说得不好就会得罪人，所以，在拒绝别人的时候，最重要的一点就是含蓄委婉。如果拒绝时直接把"不"字说出口，就会显得不委婉、不含蓄，会让对方难以接受。假如你先故作深沉，然后突然点破，就可以让上司在欢笑中失望，从而理解你的处境。

甘罗的爷爷是秦朝的宰相，有一天，甘罗看见爷爷独自在后花园走来走去，不停地唉声叹气。甘罗好奇地问道："爷爷，您是遇到麻烦了吗？"爷爷垂头丧气地说："唉，孩子呀，大王不知听了哪个人的挑唆，要吃公鸡下的蛋，命令满朝文武去找，如若三天内找不到，大家都得受罚。"

甘罗听了，气呼呼地说："秦王太不讲理了。"突然，他眼睛一转，有了个主意，说："不过，爷爷您别急，我有办法，明天就让我替您上朝吧。"

第二天早上，甘罗真替爷爷上朝去了。他四平八稳地走进宫殿，向秦王施礼。秦王一脸不高兴地问道："小娃娃来这里干什么？你爷爷呢？"甘罗不慌不忙地说："大王，我爷爷今天来不了了，他正在家生孩子呢，让我替他上朝来了。"

秦王听了哈哈大笑："你这孩子简直是胡言乱语！男人怎么能生孩子？"眼看气氛到了，甘罗趁机说："既然大王知道男人不能生孩子，那公鸡如何能下蛋呢？"秦王笑了，立刻收回了自己颁发的指令。

面对秦王提出的不合理要求，甘罗幽默地指出了其中有违常理的地方，婉言拒绝的同时，也使秦王在欢笑中搞清楚自己行为的荒谬。而在日常工作中，当我们对上司提出的不合理要求无法满足的时候，也可以通过幽默的语言来巧妙拒绝。比如，在轻松诙谐的话语中设一个否定或者讲述一个幽默的故事，这样，既避免了让上司陷入难堪，又转移了上司被拒绝的不快。

因此，工作中，面对上司的一些无理要求或自己确实无法办到的事情，我们在拒绝的时候最好把话说得幽默点。下面，就介绍几种常用幽默的拒绝方

式，希望在你需要拒绝上司时能够有所帮助。

1. 指明其不合理性

面对上司的要求，你可以含蓄地指明其不合理性，让对方明白自己的行为存在不妥之处。比如，约翰的朋友在他生日之际集资了2万美元，想为他立一座纪念碑，约翰并没有正面回答，而是提出一个不切实际的方案："给我这笔钱，我自己站在那里就好了。"含蓄指出朋友这样的做法过于奢侈。

2. 故意胡搅蛮缠

比如，面对上司相约周末一起去钓鱼，"妻管严"丈夫可以回答："其实我是个钓鱼迷，很想去一展身手的，可结婚以后，周末就被一个女人没收了。"上司哈哈大笑，也就不再勉强你了。

3. 假设法

面对上司的要求，你可以用假设的方法，虚拟出一个可能出现的结果，而这个结果也就是你拒绝的理由。举个例子，萧伯纳的女友向他求爱："如果我们结合，有一个孩子，他有着和你一样的脑袋，和我一样的身姿，那该多美妙啊！"萧伯纳回答："依我看那个孩子的命运不一定会那么好，假如他有我这样的身体，你那样的脑袋岂不是更糟糕了吗？"

在职场中，对于上司提出的不合理要求，很多人都不懂得该怎样去拒绝，通常会因为情面的问题而违心地说"是"。其实，这样对双方都不好，事情办不好可能会给公司带来一定的损失，而自己也会给上司留下办事不牢的印象。当然，谁也不喜欢被人拒绝，尤其是上司，所以，在工作中不要急切、直接地表明自己拒绝的态度，而要善于使用幽默的语言，巧妙地拒绝上司，既不直接驳了上司的情面，又能够让上司同意自己的拒绝，尽量降低拒绝带来的负面效应。

晋升的秘诀，俏皮话知多少

幽默心得 身为有理想的职场人士，最好时刻留意能够跟老板面对面谈些风流俏皮话的机会，尤其是两人独处的机会。这决定你们日后能否继续说悄悄话，决定你能否有可能成为老板的心腹。

在你踏上职场顶峰的途中，会出现许多机会，也会遭遇许多阻碍。其中最常见的一个障碍（或机会），可能就是在心理上对新工作的适应困难。成功往往需要我们付出这样的一个代价，即把自己的许多才能和专长撇在一边，专心跟周围的人交往，得到同事的支持。

或许你跟很多人一样无法在心理上接受这个观念。假如你自认是世界上最优秀的老师、秘书、会计或工人，那么你刚当上校长、督导、经理或工头的时候，应该不会快乐。毕竟，发挥个人才能要比处理复杂的人事问题舒服很多。假如你已经利用幽默力量来帮助自己取得成功，你可能会对曾经的挫折一笑置之，坦然跟自己开个玩笑，并且关心别人。更重要的是，你懂得以轻松的心情面对自己的处境，以严肃的态度面对自己的新角色。

有骨气的人尽管不像奉承谄媚的员工那样受上司指使，工作能力也是可圈可点，但他们的傲气是所有上司都无法轻视的。

比如，加班实在多得令人厌烦时，有骨气的人会从正面拒绝他："我不愿意加班！"这自然会招致上司的厌恶。假如你玩笑式地对上司说："实际上，如果我再加班下去的话，我太太可真的要往外发展了！"这么一来，绝不会有上司会刻薄地回答："你就让她去往外发展好了。"

这就是幽默的力量，以俏皮话轻松地回避开主题，巧妙地抓住上司的心理，使他自然而然地产生一种同情心，进而达到自己的目的。这种方法任何人都可能办得成，而且成功的几率非常高。

最近经常让下属加班的经理问属下："很抱歉，昨晚让你那么晚才下班！你太太没有对你抱怨什么吧？"

那位属下答道："也没什么，不过今天早上我出门时，我太太跟我这样说……"

"她说了什么呢？"

"亲爱的，你今晚还会加班吗？"

"那你如何回答她呢？"

"我说：'嗯！可能吧！'"

"她怎么说的呢？"

"我太太说：'那你一定要真的加班哦！最好别太早回来哦！'"

上司器重下属，也是期望下属能够替他效力，亦是或多或少在有需要的时候替他出力。假如上司常找下属的麻烦，而原因在下属这边的话，下属就要慢慢地改掉自己本身的缺点！但是，千万不要一举完全改变经常的作风。因为如此一来，极有可能让上司理所当然地把找麻烦的心理趋向于合理化。

认知自己的缺点以及未成熟性是培养幽默感的一个前提。接下来要做的，就是借助俏皮话让上司允许我们的缺点和不成熟性。要是你有原谅自我的宽容性的话，就不会斤斤计较于上司的想法是怎样的了。

对上司无甚好感的李浩，在某天早上突然上班特别地早，到公司后把经理的椅子擦得跟镜子一样光亮。

经理上班后，把李浩叫到跟前："你为什么要把我的椅子擦得这么亮呢？"

李浩笑着说："我是想，总有一天我会坐到这张椅子上的。"

在上司面前，如果不懂得说些俏皮腔的话，就不能语惊四座，也不能使上司对你另眼相看，更不要说得到晋升的机会。不过遗憾的是，能跟上司谈俏皮话的机会并不多，而且另一方面如突然在上司面前把玩笑开得太大，会有损他身为领导者的威严，那也是不恰当的。

第三节 跟下属幽默，做有亲和力的领导

幽默交流，工作才能有动力

幽默心·得 上级与下级之间的幽默交流应当对工作的进展有帮助，否则，就只能算作无聊的玩笑了。那些明智的上司，总是时刻注意将幽默引向促进工作的轨道。

当我们跟别人开玩笑，并同别人一起笑的时候，幽默就在彼此之间得到了交流。在这个过程中，如果幽默的内容是积极的，那我们也能把轻松愉快、诚恳坦率、同甘共苦的态度带给对方，让对方在工作中更有动力。

只要稍稍留意，我们就会发现在日常的工作中存在着许多不易为人察觉的幽默故事。在工作中，有时我们需要肯定地坚持自己的观点，因为过分地忍耐对工作并没有益处，所以仅仅知道息事宁人是不够的，在某些情况下适当地抱怨几句，对解决问题更有帮助，尤其是你心中憋着一大堆话时。当然，如果能采用幽默的方式抱怨就更好了。

著名导演希区柯克在执导一部影片时，有位女明星多次向他提出摄影角度问题，她左一次右一次地对希区柯克提出这样的要求：一定要从她最好的侧面来拍摄。

"很抱歉，我做不到！"希区柯克摊开双手抱歉地回答，"我们拍不到你最好的一侧，因为你把它放在椅子上了。"

这句幽默的话，引得在场的人都笑弯了腰，女明星也收敛了一些。

有位哲人说："当别人取笑你时，就笑你自己吧！"这样，才能表现出一个领导者所应具备的幽默口才。当然，这里的"笑你自己"并不是指以你自己为中心，而是以关心他人的方式来跟大家一起玩笑。

身为领导者，你一定要明白，无论你如何去做，都不要期望每一次都能得到大家的笑声，因为这并不是一件很容易的事情。当你把幽默的口才运用到下属身上之前，你最好先用心稍微修饰一下。工作中这样的例子层出不穷：

销售科科长说："我们的销售数量在图表中上升到了前所未有的高度，不过这图是倒过来看的。"

科长感叹道："秘书说我这个人过于固执。因为我说过每个字只能有一种写法。"

发挥幽默的力量去鼓励你的下属，帮助他们取得更大的成就。你可以把重大的责任托付给他们，减轻你肩上的担子，以便你有更多的时间去发挥自己的创新精神，以期在事业上有所建树。

幽默口才能让你有不一样的前途，因为你能因此得到属下或同事的认同，他们会感谢你坦诚开放的能力，分享笑及趣味的思想。克雷夫特公司总裁毕尔斯认为，幽默感对于主管人员非常重要，他说："它是表示一个主管是否具有活泼、弹性的心态的重要指标。"毕尔斯说："这样的人一般不会把自己看得太重，而且比较能做出好的决策。"

在你的工作中，幽默口才能形成一股力量去了解、影响并激励他人，同时也造成一股力量促使你去了解并接受自己。每一位领导都有必要培养自己的韧性，以幽默的口才跟下属、跟同事交往，这会让你给他人留下很好的印象，对你未来的发展有着极其重要的意义。

要实现这样一个目标，你最好从现在就开始努力寻找事情的光明一面，积极地运用幽默口才。

想赢得人心，用好幽默这块磁石

幽默心得 幽默能带给你意想不到的吸引力。通过幽默你可以将自己的机智、善良、正直展示出来，让你超越时间、空间、种族的局限，把所有人都凝聚到你的身边，让自己成为一个受人喜欢和尊重的人。

试想一下，假如你身边有一位风趣的同事，你是不是愿意跟他共事呢？我想，大部分人都会主动靠上前去，因为擅长幽默的人拥有强大的"亲和力"，他的存在就像是一块强大的吸铁石，能毫不费力地把周围的人聚拢在自己身边。

公司销售部经理空缺，部里精英们个个摩拳擦掌，特别是几位主管，更是为了这一职位争得头破血流。最后，公司决定由其他部门的聂刚来担任新经理。

聂刚知道自己上任必定会引起元老级人物的不满，他在致辞会上挖空心思地施展了自己的幽默才能："销售部能人太多，据说升哪一位当经理都是一种不公平，所以公司只得找我这么一个有傻福的傻人来。我这个傻人好比个蜡烛的芯，看起来最亮，又位于蜡烛的最高点、最中心，可我自己根本不能烧，必须依靠四周的蜡油才能燃烧起来。所以，拜托各位先生，我全靠你们啦，请大家帮帮忙，不要把我烧焦啊！"

聂刚这一番幽默的致辞逗得部门里的人前仰后合，早把要给聂刚颜色看的事情忘到耳朵后边去了。

一个平易近人、幽默风趣的领导者，很容易获得下属的好感。你把别人逗开心了，别人自然就变得"好说话"了，不再将你视为敌人、对手，甚至还可能把你当成值得交心的朋友。这就是幽默风趣的谈吐在职场关系中的奇妙作

用。幽默不仅可以化解矛盾、弥合分歧，还可以拉近距离、融洽关系。一个懂得幽默的领导，在工作方面才能顺心顺手、步步高升。

国外一位心理学家说："幽默可以润滑人际关系，消除紧张，减轻生存压力，把我们从各种自我封闭的境况中解脱出来，使我们寻得益友，增强信心，在人生的道路上知难而进。"一名优秀的上司不能仅仅在员工面前表现出自己严肃、认真的一面，还要展现出自己幽默风趣的一面，来树立一种和蔼可亲的形象，给员工带来欢乐，让公司的气氛融洽，从而带动员工工作的热情，同时增强公司的凝聚力。

有一次，一家公司的经理和员工们一起冒雨卸货，浑身淋得透湿。他抹了一把脸上的雨水，笑着对员工们说："今天晚上我们必须要聚餐，而且要加一道新菜。"没等员工们反应过来，他接着说："清蒸'落汤鸡'，味道肯定不坏！"

一句话把员工们都给逗乐了，工作中的饥饿和劳累似乎一下子就被一扫而光了，大家觉得跟着这样的经理肯定是不坏的。

幽默也是一种智慧，具有这种智慧的领导，毫无疑问将拥有强大的号召力，因为赢得人心正是其拿手好戏。工作中，如果你的同事不小心陷入尴尬的氛围，你不妨讲一个小笑话，主动活跃一下气氛，让大家放松放松。这样一个小小的举动，就能让你在瞬间赢得对方的尊重和感激，让你更有亲和力。

通过幽默拉赢得人心，我们需要达成这样的目标，那就是借助幽默言谈使对方感觉被关注，使对方拥有一种愉悦的心情，从而提升对你的信任度。要知道，在人际交往中，最大的侮辱莫过于遭人轻视，你关注对方、尊重对方、体谅对方，自然而然就能将对方拉拢到你的周围，使其成为你的"忠实粉丝"。

值得注意的是，用幽默赢得人心还要注意场合和内容。只有善意的幽默，才能增加别人对你的信任度，使你成为得人心的领导。除了幽默，适当的关心也可以帮你赢得人心。比如，新同事对手头的工作不熟悉，很希望得到上司的指点，但是心有怯意，不好意思向你开口。这时，如果你能伸出援助之手，主动指点帮助一下，通常会让他们铭记终生，打心眼儿里深深地感激你，并且会在今后的工作中积极主动地配合你。

幽默说服下属，为管理加分

幽默心得 上司的幽默，是管理者化解尴尬的最好办法，既能够体现出管理者的大气与老练，更能博得他人的好感，为自己的管理加分。

在上司与下属之间，由于本身存在着管理与被管理的关系，所以他们之间会存在一种所谓的"人际落差"，即他们很容易在问题的认识上出现意见分歧，进而产生矛盾。这也是为什么有些上司跟下属之间一直保持着紧张关系的原因。

但是，懂幽默的上司是不会让这种上司跟下属之间关系的不协调性加剧的。因为他们善于运用幽默的沟通技巧与下属进行沟通，善于将上司与下属之间的认识差异减少到最小。在认识趋同于一致的时候，即使是上司对下属进行批评，幽默的语言也会让下属个人能够容易接受。换句话说，懂幽默的上司能更容易说服下属，使得下属的价值观跟自己的趋同。

懂幽默的上司，懂得将自己的"意见"幽默地说成"建议"。面对比较着急完成的工作任务，一位聪明的部门主管曾这样幽默地要求一个着急跟男朋友约会的女员工留下来加班。

主管："我的头脑已经落伍了，顶多算是486的配置，而你们年轻人的头脑可是酷睿双核呢，既然配置升级了，速度也该升级才是，所以要把那份报告材料尽快整理出来给我。"

女员工："嗯，好的，我会尽快完成。"

另外，懂幽默的上司不仅能够轻易地说服下属按照自己的心意来做事，还能让故意刁难自己的人对自己钦佩。

有个员工对公司董事长颇为反感，他在一次公司职员聚会上，突然问董事长："先生，你刚才那么得意，是不是因为当了公司的董事长？"

这位董事长立刻回答说："是的，我得意是因为我当了董事长。这样我就可以实现从前的梦想，亲一亲董事长夫人的芳容。"

董事长敏捷地接过对方取笑自己的话题，让它对准自己，于是他获得了一片笑声，连那位发难的员工也忍不住笑了。

批评有窍门，对犯错的员工幽默点

幽默心得 身为上司，应该设身处地地为下属考虑，不能因为一点小错就对下属当头呵斥，那只会打消下属的积极性。而幽默的批评就不同了，能让员工愉快地接受你的批评，并具有一定的激励作用。

上司对下属的批评不是任意而为的，是非常需要讲究技巧的。如果硬邦邦地斥责，只会让对方丧失信心，一蹶不振，伤害他人的自尊心。那么，如何让受批评的人能够心甘情愿地接受自己的意见呢？适时、适度地带有幽默元素的批评会显得温馨而易于让人接受，这不只能让下属认识到自己的问题所在，还可以对其工作产生积极的激励作用。

有一次，一位将军到部队视察，召集了大部分的军官开座谈会。会谈时，将军问在座的军官："部队里战士的津贴是多少？"但是，问题问完之后，竟没有一个军官主动回答他的问题，看来所有的军官都不知道答案。

将军看到这种情况，气不打一处来，但是他没有直接发火，批评在座的任何一个人，而是给他们讲了一个故事。他说："民国的时候，有个军阀叫张宗昌，他有一个外号叫'三不知将军'，为什么呢？因为他虽然身为将军，

第三章 幽默给点力，职场才能有活力

但他却一不知自己到底有多少兵，二不知自己有多少枪，三不知自己有多少个小老婆。他的外号由此而来。"

故事讲完了，在座的军官们都低下了头，明白了将军所讲故事的深意。

在这则故事中，我们看到将军没有一句直接批评下属的话，而用幽默故事来启发在场的人，要他们懂得体恤下属，不要做"三不知将军"。不一样的方式，一样的效果，幽默一下，不仅不浪费气力，还收效甚好。

每个下属都会有犯错误的时候，如果上司直接批评犯了错误的下属，不仅让对方难以接受，还起不到激励的效果，给员工留下一个不好的印象，影响工作热情。这种时候，不妨先压制一下自己的怒气，让自己平静下来，换一种方式。试着对下属微笑，用你的机智幽默去感染他，这样一来，能够幽默轻松地让员工们认识到需要改进的地方，既改善了员工们的工作，又使自己和下属们的关系更加融洽。作为一名睿智的上司，何乐而不为呢？

赵军是某公司的职员，有一天他找了个借口说要参加祖母的葬礼，所以要请假一天。结果这件事情被上司识破了，知道他是故意编理由请假不上班的。

第二天，等到他回到公司，上司就拦住了他，说："赵军，你相信人能死而复生吗？"赵军还不知道发生了什么事，便不假思索地回答："当然相信。""这就对了，"上司微笑着说，"昨天你请假刚参加完你祖母的葬礼，但她今天就到公司来看望你了。"

听领导说完，赵军知道自己的借口被识破了，于是便主动承认了错误。

这个上司的幽默透露着睿智，轻松一刻的同时便让下属承认了错误。所以，在工作中，如果你要成为一个受人敬重的领导，你一定要具备幽默的技巧，这一定会让你在管理下属的时候达到事半功倍的效果。

有的时候，面对下属的错误，不要轻易批评，试着把下属的一些优点与幽默的方式结合在一起，则会起到更好的效果，也更容易让上下级的关系更深入一步，对工作的改进产生很好的帮助。

幽默管理，跟下属打成一片

幽默心得 与古板严肃的主管相比，幽默的主管更易于跟下属打成一片。如果你要想身边的下属能够和自己齐心合作，那就尽量幽默一点儿，让自己看上去更加人性化。

在美国芝加哥，有一个专门制作和发行有关幽默训练方面电视片的机构。它现在正为12000家美国公司提供"幽默"服务，特别是公司的管理者，不管多忙，他们都会抽出一定的时间学习幽默管理。据相关研究发现，有幽默感的主管往往更富有人性化色彩，也更容易得到员工的尊敬和爱戴，这就是幽默感越来越受到重视的原因所在。

有见识的主管都明白，幽默不仅仅是儿童的把戏，只要自己能让员工们开心起来，跟手下的职员打成一片，公司的生产效率就会大幅度提高，而这是公司发展的原动力。

公司有一个职员经常迟到。主管把这个职员找来，面带笑容地对他说："你经常迟到，应该都是闹钟的问题。所以，我打算给你定制一个人性化的闹钟。"

"人性化的闹钟？"职员听了有些费解，不知道一个闹钟怎样会有"人性化"。

"好吧，我给你具体解释一下。"主管对职员眨了一下眼睛，轻松地说，"它先闹铃，你要是不醒，它就鸣笛；再不醒，它就敲锣；再不醒，就发出爆炸声；还是无效，它就对你喷水。假如这些都叫不醒你，那它就会自动打电话给我帮你请假。"

遇到经常迟到的员工，绝大多数管理者都会给予严厉的批评，而且一次比

第三章 幽默给点力，职场才能有活力

一次严厉，甚至下达最后通缉令："再迟到明天就不要来了。"

当然，在进行管理的过程中，批评与责备是不可或缺的，但在某些场合，指责和批评很难取得好的管理效果。正因为如此，这位主管通过幽默的方式侧面给予批评，通过满面的笑容来进行管理，这不仅淡化了批评与责备的意味，保全了对方的自尊，并且达到了管理的目的。从另一方面来说，这种管理往往更容易打动员工，让他自觉、自省，并积极改掉自身的毛病。

卢瑟福有个学生，总是不眠不休地待在实验室里。某天深夜，卢瑟福无意中又在实验室里看到了他。

卢瑟福问道："这么晚了，你还在这儿做什么？"

"我在工作。"学生满脸得意地回答，很为自己的勤奋感到自豪。

"那你白天都在做什么呢？"

"白天也在工作。"

"那么早上起来呢？"

"当然，教授，我早晨也是在工作。"说到这儿，这名学生越发得意了。

这名学生本以为，接下来老师一定会夸赞他，谁知卢瑟福竟然微笑着说："请问，你用什么时间来进行思考呢？"

擅长工作的职员，首先会先思考最佳解决方法，努力争取高效率短时间地解决问题。可是，总有个别职员像卢瑟福的学生一样，觉得马不停蹄地工作就可以得到上司的赏识，这是大错特错的。假如你的公司里就有这样"死脑筋"的员工，你不必直接劝他休息一下，把精力放在提高工作效率上，而应该学学卢瑟福，用幽默的口气反问对方，让他自己去领悟。这样劝阻的方式既自然、轻松，又富有哲理，很容易让职员在微笑中接纳你的建议。

总经理吩咐女秘书，要尽快把一份商业保密文件打出来。可是，女秘书那天状态非常糟糕，她马马虎虎地把文件打完，稀里糊涂地交了差。

看到错漏百出的文件后，总经理故作调侃地说道："小姐，尽管我告诉你这是一份商业保密文件，但你也没有必要如此认真听话，竟然瞧也不瞧，闭

着眼睛把它打了出来。"

任谁都听得出，总经理说的是一句反话。从字面上看，他好像在夸赞女秘书打字技术高超，可实质上，他是暗示文件打得太差。这位总经理是位聪明的管理者，尽管跟秘书是上级和下级的关系，可要是批评、指责得太过直接的话，还是会对双方的关系造成负面影响。于是，他通过幽默暗示表达了自己的不满，对员工的消极态度进行了委婉的批评。

当然，发挥幽默还应该先看清场合和条件。假如当时的条件并不具备，你却要尽力表现出幽默，其结果往往会勉为其难，大家甚至会为了是否有必要发笑来附和你而感到左右为难。这会令双方都陷入更尴尬的境地，也不利于跟员工打成一片。

最后还要提醒各位管理者，管理型的幽默应该尽量做到高雅，内容也要积极健康、乐观向上。乐观积极的幽默，可以对员工进行正面、积极的引导，使上下级关系更加和谐，工作效率也会随之提高。反之，假如幽默太过低俗、消极，整个公司的氛围也会受到不好的影响。

学会幽默，离事业成功就不远了

幽默心得 如果想获得工作上的成就和事业上的成功，通常需要具备很多的条件，其中幽默有助于改善跟他人的关系，能够促进事业成功。

每个人都希望能够在事业上取得成功，这一点对所有人来讲都是相同的。因此，有人把事业的成功比作高山的峰顶，而在攀登高峰的征途中，幽默口才是必不可少的必备工具。

那些在事业上取得成功的人，一般都会格外注意培养自己以下3个方面的品质。

一、跟他人分享欢乐。如果一个人做到能跟大家一起分享笑的愉悦，使对方感觉到自己和大家是"合群"的，那对你的职场人际关系会有很大的帮助。

二、向他人开放。一个人只有乐于向他人开放，人们才会敞开心胸接纳你。那些为人坦率、诚实的人，往往能拥有更多的朋友和支持者，就算他做错事情，别人也会原谅他。

三、怀有一颗真诚之心，而不是总想着文过饰非。一个心胸开阔、豁达大度的人，通常不那么看重自己得到的荣誉，能够坦言个人的对与错，让自己成为玩笑的一部分。

要想做到这些，那我们就要拥有幽默的力量，因为幽默最能帮助一个人和别人共同分享笑声带来的快活，就算观点不同、兴趣不同，也没有关系。在生活中，这样的例子太多太多了。

在20世纪50年代初，布劳尔担任了美国钢铁公司董事长，这是个令人非常羡慕的职位。有人问他："你对担任新职务有什么感想呢？"他这样回答："没有什么，既不那么高兴，也不准备庆贺。只不过像是打胜了一场球。"

对取得的荣誉，布劳尔用平常心轻松对待，丝毫没有自夸自傲的意思，所以他获得了众人的尊敬和钦佩。与其说他小看了自己，倒不如说这位成功者用正确的态度强化了个人形象。

亨利在26岁时，被任命为福特汽车公司的总负责人。当时，公司每月亏损额达900万美元，亨利上台之后，进行了一系列的创新和变革，一举扭转了公司的被动局面。

当然，在冲锋陷阵的过程中，他也做错过一些事情。有人问亨利："如果让你从头做起的话，会是个什么样子。"

亨利回答说："我看不会有什么非同寻常的作为。人们都是在错误和失败中走向成功的，因此，如果让我从头再来的话，我只能犯一些不同的错误。"

看完了亨利的故事，我们再来看看卡普尔是如何用幽默化解众人激动的情绪，重新赢得董事局理解和信任的。

卡普尔刚担任美国电报电话公司负责人的时候，在一次董事会议上，各位董事对他的领导方式提出许多批评和责问，会议充满了紧张气氛，有些人似乎已控制不了自己的激动情绪了。

有位女董事质问道："过去一年中，公司用于福利方面的钱有多少？"她觉得应该多开支一些，对卡普尔不断地抱怨。

当听完卡普尔的说明之后，女董事了解到用于福利的钱仅仅有几百万美元，她激动地说："我真要昏倒了！"听了这话，卡普尔轻松地对她说："我看那样倒好。"

大家都笑了，那位女董事也被气得笑了，紧张的气氛就这样得到了缓和。

谁都免不了有做错事情的时候，只要不遮遮掩掩，承认自己做错事，并勇于承担自己应负的责任，就还是一个令人尊敬的人。对于普通的不当领导的人，学点幽默对职场生存也是有帮助的。下面我们看看聪明的女秘书如何用幽默成功地处理自己的工作，并得到上司的认可。

有一个公司的秘书，工作主要是帮经理接待客户，接电话、做记录，在职员和经理之间上传下达。这天，有个不知姓名的客户打电话来，用命令式的口吻说："我要跟你们的经理说话。"

女秘书客气地问道："能不能告诉我你是哪位？"那人话中带着火气，大声喊道："快给我接你们的经理，我要马上同他说话！"她只好温和委婉地说："很抱歉。经理的电话都是我'过滤'后再转给他的。"

那人只得自报家门，把自己的姓名和电话号码告诉她。

后来，女秘书把这件事告诉了经理，经理大笑了起来，说她做得很对。从那以后，经理对她更加信赖了。

不管你是身为领导者还是被领导者，在面对各方面的工作压力时，都需要学会舒展紧绷的情绪，不然，你将会付出更大的代价，使自己真正的"生活"淹没在争执和对立之中。由此可见，一个人是否懂得运用幽默，直接关系到他的职场生活是否顺利，他的事业能否取得成功。

第三章 幽默给点力，职场才能有活力

第四节 跟客户幽默，缓和一下紧张的气氛

跟客户合作，秀出你的幽默感

幽默心得 相关调查发现，轻松幽默的氛围有利于成功地推销产品。原因很简单，幽默可以制造推销员跟客户的笑声，而顾客在笑声中往往更容易接受产品。

一般情况下，客户对于突然闯入的销售员都会采取冷漠的态度，几乎没有客户会说"你来得正好，就像及时雨"之类的话。

一次，一位销售部的新手向老推销员诉苦："我干不了这差事。我不管走到什么地方，都会受人侮辱。"

"那太糟了！"老推销员充满同情地说，"我从没有过这种感觉。多年来我走遍很多城市进行推销，我拿出来的样品曾经被人丢到窗外，我自己也曾经被人拒之门外。但是，我想我还是比较幸运的，因为我从来没有被人侮辱过。"

这位老推销员以自己的亲身体验告诉刚入行的新手，作为一名推销员必须要有幽默态度，不然很难坚持下去，更不要说获得成功了。

假如你正和爱挑剔的顾客打交道，那老推销员会给你一个建议，这时幽默

是最有效的沟通手段。

在一个汽车展示会上，一对年轻夫妇对一款汽车的价钱颇有微词。

"这几乎跟一辆大卡车的价钱差不多了。"太太抱怨着。

"当然，假如您喜欢大车的话，同样的价钱，我可以卖给您两台大型拖拉机。"

面对顾客的抱怨，销售员运用幽默技巧委婉地表明自己所推销的小型车是物有所值的，在令顾客莞尔一笑的同时，更容易得到顾客的认可。

讲了这么多故事，到底怎样使用幽默这个有力武器来争取到客户的合作呢？优秀推销员给大家以下几点建议。

1. 在开口之前，先大致判断客户是哪种类型和风格的人。恰如其分的幽默对你的帮助有多大，不合时宜的幽默对你的损伤就有多大。

2. 你还可以把客户的问题变成机会。比如，你准备在电话中用30秒介绍一下产品，可顾客却提出问题，问你："怎么收费？"这时，你可以幽默地说："噢，这个电话是完全免费的。"

3. 在谈话中巧妙地插入幽默的语言，也可以让顾客转变态度，慢慢喜欢上你。但有一点必须要注意，那就是任何时候都不要对不熟悉的人使用政治、种族或宗教幽默。

4. 跟胡编乱造一些无厘头的幽默故事相比，讲一讲个人的有趣经历更容易为自己加分。比如，在工作中、在生活中或者孩子小时候的趣事，你都可以用文字或者用大脑记录下来，这样，当下次同客户谈话时，你就可以很快地记起那些幽默小故事的内容。

跨越严肃之门，幽默促推销

幽默心得 作为客户来说，天生就对推销员有抵触情绪，这使很多推销员都无

第三章 幽默给点力，职场才能有活力

法前进一步。要想跨越客户与自己之间的严肃之门，幽默是一把必不可少的钥匙。

不管在怎样的环境中工作，我们每个人都免不了会碰到各种各样的矛盾，有的甚至是非常棘手的难题，需要去妥善地处理。选择成为一名推销员，也就等于选择每天跟一些陌生人打交道，这必然大大增加工作中的难度。

优秀推销员的体验是：不轻松的问题也可以用轻松的方式来解决，推销员如果想穿过自己与客户之间的严肃之门，可以用幽默的钥匙开启。

有一位大学生思想很活跃，且说话诙谐风趣。在当了推销员之后，他萌发出一个推销的好点子。有一次，大学生走进一家报馆问："你们需要一名有文采的编辑吗？"

"不需要。"

"记者呢？"

"也不需要。"

"如果印刷厂有缺额也行。"

"不，我们现在没有任何空缺。"

"我想你们一定需要这个东西。"

年轻的推销员边说边从皮包里取出一块精美的牌子，上面写着几个大字："额满，暂不雇人。"

如此轻而易举地促成推销，实在令人无法不拍手叫绝。

海耶斯是美国俄亥俄州的著名演说家，人们不知道的是，30年前他还是一个初出茅庐、畏首畏尾的实习推销员。

一次，他跟随一位老练的推销员到某地推销收银机。这位推销员并不具备电影明星推销员那种堂堂相貌，实际上他身材矮小而肥胖，但他红彤彤的脸充满着幽默感。

当他们才刚刚走进一家小商店的门口，老板就粗声粗声地拒绝道："我对收银机没有兴趣。"这位推销员并没有就此打住，而是走过去倚靠在柜台

上，咯咯地笑了起来，好像他刚刚听到了一个世界上最妙的笑话。店老板直愣愣地瞧着他，搞不清这是什么状况。

过了一会儿，这位推销员直起身子，微笑着表示歉意："对不起，我忍不住要笑。你让我想起了另一家商店的老板，他跟你一样地说没有兴趣，后来却成了我们熟识的客户。"

接下来，这位老练的推销员一本正经地展示他的样品，历数其优点，每当老板以比较缓和的语气表示不感兴趣时，他就笑哈哈地引出一段幽默的推销故事，诸如某某老板在表示不感兴趣之后，最终还是买了一台新的收银机。

商店里的人都瞧着他们，海耶斯在一旁又困窘又紧张，心想他们很可能会被当作傻瓜一样赶出去。可是说来也奇怪，老板的态度居然转变了，想问明白这种收银机是不是真有那么好。

于是，他们就把一台收银机搬进了商店，然后那位推销员以行家的口吻向老板介绍了具体用法。就这样，一笔订单到手了。

商店老板是客户的典型代表，遇到推销员，客户大多都会急于表明自己没有兴趣，一般的推销员这时都会知难而退。而这位老练的推销员却有自己的秘诀，即运用幽默的力量跨过自己跟客户之间的严肃之门，所以最终他取得了成功。

随机小幽默，助你讨客户欢心

幽默心得 对于一名销售员来说，客户就像是"衣食父母"，而幽默则是一份大礼，可以讨得人们的欢心，从而成功地拓展自己的业务，让客户跟自己长期合作。

发展客户是每一位推销人员的主要工作，更是工作的重心。在推销人员跟客户沟通的过程中，推销者的口才对其最终能否推销成功起着关键性的作用。假如推销者能够随机幽默地处理好推销过程中出现的各种各样的突发状况，那么，他也许就会因此而赢得一次成功的推销。

一位房产推销员正在对客户夸耀他的这栋住宅楼和这个居民区。他说："这片居民区特别干净，物业非常负责，小区里阳光明媚、空气清新，到处都是鲜花和绿草，疾病与死亡好像跟这里的居民无关。"

就在此时，远处走来一队送葬的人，他们哭声震天地从客户面前经过。这位推销员立刻对客户说："您们看，这位可怜的人——他是这儿唯一的医生，没想到被活活饿死了。"

假如推销员对送葬队伍这件事没有一个合理的解释，恐怕客户很难将他先前的吹嘘当作一回事，还会对推销员的印象大打折扣，甚至对他介绍的房子产生怀疑。而推销员的随机小幽默恰好打破自己所面临的尴尬，并使双方的交易能够比较稳定地进行。

雷宇是一位推销钢化玻璃酒杯的推销员。一天，他在很多客户面前进行示范表演。为了说明酒杯的经久耐用，他把一只钢化酒杯丢到地上。出乎意料的是，这只酒杯居然"啪"的一声摔碎了。

客户们都睁大了眼睛，搞不清楚状况了，难道是产品不靠谱吗？雷宇的心里也"咯噔"了一下，但他马上恢复了平静，用沉着而诙谐的语气幽默地对顾客说："像这样的杯子，我是不可能卖给你们的。"

听了雷宇的话之后，大家都轻松地笑了，以为第一次砸碎杯子是为了跟下面的表演进行对比，先吊一下大家的胃口。场内气氛立刻活跃起来，雷宇乘机又扔了五六个杯子，都取得了成功。就这样，雷宇化险为夷，博得了顾客的信任，顺利售出了几百个酒杯。

雷宇之前没想到会出现这种失误，对于突如其来的状况只有随机应变。他巧妙地来了个顺水推舟，让突发的情况成为推销的一个环节，从而制造出强烈

的幽默效果，实现了推销的目的。其实，在推销的过程中，我们还可以运用一些另类的推销手段。

一位推销员对逛商场的家庭主妇说："夫人，这是一种新型的牙刷，全自动的，你只需要插上电源，放入口中，完全不用动手！只不过价钱贵了一点，但用起来非常方便。"

经他这么一说，主妇有几分心动了，只是价钱太贵了。此时，推销员立刻取出另一把外形跟那把完全一样的牙刷，介绍道："这把也是自动的，它不仅价格便宜，而且不需要用电，只需将它用手拿着，伸进口中，不停地摆动头部就可以。"

这位推销人员的手段可谓是新颖出奇，借助一个搞笑的人为自动动作来衬托电动自动牙刷的价值所在，喜感十足。不难想象，心情愉悦的主妇会自动忽略价格因素，选择推销员提供的新型牙刷。

的确，推销者们只要愿意多花些心思，多想些幽默的奇思妙招，其巧妙的构思很容易在讨得客户欢心的同时，顺利实现自己的销售目的。

巧卖关子，唤起客户的好奇心

幽默心得 在实际销售工作中，推销员可以先找机会唤起客户的好奇心，引起客户的注意和兴趣，然后详细介绍商品的特色，并迅速步入正式面谈阶段。

在人类所有行为动机中，好奇心是最有力的一种。对推销员来说，唤起顾客好奇心的具体办法是灵活多样的，只要尽量做到神秘莫测又幽默风趣，得心应手又不留痕迹，基本上都可以达成目标。

富勒公司是美国规模最大的专门生产黑人化妆品的企业，而约翰逊公司不过是一家仅有100万美元注册资金的黑人化妆品生产商，两者简直不具有可比性。可是现在，约翰逊公司的知名度已经直逼富勒公司，眼看二者就要并驾齐驱了。约翰逊公司的生产规模一直不大，广告投入非常有限，那么，它是如何取得这一成绩的呢？

很简单，约翰逊公司除了严格把控产品的质量外，它还采用了别具特色的推销法。这家公司在自己的广告中这样说："富勒公司是化妆品行业的金字招牌，您眼光真不错，买它的化妆品算了。不过，您在使用它的化妆品后，要是能再涂上一层约翰逊公司的水粉护肤霜，准会收到意想不到的奇妙效果。"

那些能够消费富勒化妆品的黑人，并不在乎多买一瓶约翰逊水粉护肤霜做个尝试。借此契机，约翰逊的产品也就堂而皇之提高了自己的档次。

通过跟富勒公司的产品搭边，约翰逊公司对客户"卖"了一个"大关子"，唤起了购买富勒公司产品的客户的好奇心，进而在此基础上将自己的产品推销出去，顺便打响了自己的知名度。

推销员在跟顾客进行面谈时，会绞尽脑汁想出一个吸引顾客眼球的开场白。如果在开场之时就能唤起顾客的好奇心，那通常意味着推销已经成功了一半。

在一次贸易洽谈会上，卖方对一个正在研究该公司产品说明的买方说："你需要买什么产品呢？"

买方说："这里没什么可买的。"

卖方说："对呀，其他客户也这样说过。"

当买方正为自己的明智感到得意时，卖方又微笑着说："不过，他们最后都改变了看法。"

"哦？为什么呢？"买方对此感到很好奇。于是，卖方开始进入正式推销阶段，公司的产品最终被客户所接受。

当买方没有明确表达自己的购买计划时，卖方也没有直接向他介绍自己公

司产品的情况，而是巧妙地设置了一个疑问——"别人也说过没什么可买的，但最后他们都改变了看法。"——从而引发了买方的好奇心。于是，卖方得到了向其推销产品的机会。

有的时候，为了接触并吸引客户的注意，推销员们还会用一些大胆的陈述或强烈的问句来开头。幽默地设置几个悬念，从而达成引"顾客"入胜的目的。

20世纪60年代，美国有一位非常优秀的销售员乔·格兰德尔。他有一个很有意思的绰号，叫"花招先生"。在拜访客户时，他首先会将一个三分钟的蛋形计时器放在桌上，然后对客户说："请您给我三分钟时间，三分钟一过，当最后一粒沙穿过玻璃瓶后，假如您不希望我继续讲下去，我就离开。"

他在推销产品的过程中，会使出蛋形计时器、闹钟、二十元面额的钞票等各式各样的花招，为自己争取足够的时间让顾客能静静地坐着听他讲话，并对他所推销的产品产生兴趣。

在推销过程中，经验老到的推销员都能使用幽默的语言艺术创造一种轻松愉快的氛围。而当跟客户出现意见分歧时，幽默的语言又能转移或淡化矛盾，化解或缩小分歧。同时，在阐述意见和要求时，幽默的语言不仅能清楚地表明自己的观点，而且还不致引起对方的不良反应。

假如你是卖电脑的，那就不要急着问客户"有没有兴趣买电脑"，或问他们"是不是需要一台电脑"，而要问："您想知道用什么样的方法可以让你们公司每个月节省5000元钱的营销费用吗？"这类问题往往更容易吸引客户的注意力，让客户对你和你的产品产生好奇心。

"您知道每年只需花几块钱就能防止火灾、水灾和失窃吗？"保险公司的推销员开口便问顾客，虽然对方一时无以应对，但却表现出一副很想了解的样子。此时，推销员通常会补上一句："您有兴趣了解我们公司的保险吗？我这里有20多个险种供您选择。"这样顾客的了解欲望被勾起来了，双方有了进一步协商的机会。

推销员每达成一笔交易，不仅仅是工作的任务，还包含对顾客的一种责任。事实证明，交易能不能成功，在很大程度上都取决于推销员对客户采取的诱导方式。

一般来说，善于运用幽默诙谐语言"卖关子"的推销员更容易签单，因为，没有几个人能抗拒好奇心的诱惑，更不要说有购买欲望的客户了。

幽默谈判，太紧张了不好沟通

幽默心得 谈判是一件非常严肃的事，双方站在各自的立场，为争取各自的利益而努力。如果想要避免出现剑拔弩张的状况，营造一个良好的谈判氛围，那就在紧张的谈判之余用幽默来调剂一下。

假如谈判双方都是一副严肃的面孔，以极其认真的态度上来就"言归正传"，丝毫没有活泼的气氛，那整个谈判过程就会死气沉沉、闷不可言，让谈判代表有一种压抑的感觉。于是，就会一次又一次出现暂停、休会，满足双方利益的方案也不会有什么建设性，达成协议的日期也跟着一推再推。因此，谈判代表非常有必要运用幽默去营造良好的谈判气氛。

我们先来跟英国首相丘吉尔学习一下，看他是怎样运用幽默营造良好的谈判气氛的。

1943年，英国首相丘吉尔和法国总统戴高乐由于在叙利亚问题上存在意见分歧，两人产生了芥蒂。直接原因是戴高乐公开宣布逮捕布瓦松总督，而此人正是丘吉尔非常看重的人物。要解决这一件令双方都感棘手的事，只有借助卓有实效的会晤了。

丘吉尔的法语讲得不是太好，但是，戴高乐的英语却讲得特别漂亮。这一点，是当时戴高乐的随行人员以及丘吉尔的大使达夫·库柏早就知晓的。

双方见面的时候，丘吉尔是这样开场的：

他先用法语安排行程："女士们先去逛市场，戴高乐、其他的先生跟我去花园聊天。"然后，他用所有人都能听清的英语对达夫·库柏说了几句话："我用法语对付得不错吧，是不是？既然戴高乐将军英语说得那么好，他完全应该能理解我的法语的。"

话音未落，戴高乐及众人都哄堂大笑，紧绷的情绪也放松了下来。

丘吉尔用一个小幽默消除了谈判双方参与人员的紧张情绪，营造了良好的会谈气氛，使谈判在和谐信任中进行下去。在谈判正式开始后，礼貌问候对方，轻松而自然地引入谈判的话题。协商的过程中，要讲究策略、有礼有节、求同存异，必要时运用一些幽默诙谐的语言，调节一下紧张沉闷的气氛，放松一下绷得太紧的心弦，营造轻松愉快的氛围。每当谈起丘吉尔与罗斯福的一次传奇性会谈，都会让人忍俊不禁。

"二战"期间，武器异常紧张，丘吉尔来到华盛顿会晤罗斯福，希望能得到军需物资方面的接济。会谈安排在第二天进行。

次日凌晨，丘吉尔正躺在浴盆里，手里夹着大号雪茄，做沉思状。谁知罗斯福突然推门进来。丘吉尔赤身裸体，大腹便便，大肚子甚至还露出了水面，两人相视不禁都愣住了。就在罗斯福陷入尴尬的一刻，丘吉尔却微微一笑，说："总统先生，大英帝国的首相在你面前可真是没有一点点隐瞒哩！"说罢，两人都不约而同地笑了起来。

在轻松的瞬间，两位国家元首忘却了战争，忘却了艰难，开始了真诚的合作。后来，这次谈判非常成功。

谈判双方是一对矛盾的统一体，为顺利达成协议，双方不可能摒弃竞争，更不可能拒绝合作。为了让合作更顺利一些，有一个良好的合作气氛是非常必要的，这是从谈判之初就应该考虑并注意的。

在谈判开始之前，主动热情地跟对方去接触，发掘双方的共同点，有助于为谈判打下一个良好的基础。比如，可以就双方的兴趣爱好，双方曾有过的合作经历，或者共同认识的朋友进行交谈，进而引起双方心灵的"共振"。

决战商场，幽默要用心

幽默心得 在生意场上，要善于抓住机遇、出奇制胜，如果谁能以一种幽默新颖的方式推销自己的产品，那他通常会有意想不到的收获。

商场就像战场，在强手林立、竞争激烈的生意场上，如何赢得顾客，使生意越做越大，这里面很有文章。发挥机智、巧用幽默是很多推销员的秘密武器，它能帮推销员赢得顾客的信服，使经商之道马到功成、生意兴隆。

在商店的橱窗前，有一位秃顶的先生漫无目的地闲逛。有个店员向他打招呼，对他说："先生，买顶游泳帽吧，好保护您的头发。"

这位顾客说："真是笑话！我这几根头发不用数都清楚，保护个啥？"

店员说："可戴上游泳帽，别人就没有机会数您的头发了。"

顾客笑了，想想这话确实在理，就买了一顶。

顾客之所以会产生从不买到买的转变，就是因为店员掌握了顾客心理、巧用幽默语言。如果一个人能将幽默融入生活，那他的生活必然锦上添花；如果一个人能将幽默运用于经商，那他在工作中自然也能出奇制胜。

中国香港有家专门销售胶水的商店，为了加大宣传力度，店家不惜本钱，悬赏千金招引生意。在商店门口的墙上，服务员用该店推出的一种最新强力万能胶水粘贴着一枚价值几千港元的金币，并对外宣称：

"有谁能用手将这枚金币掰下来，金币归其所有。"

一时间，店门前人声鼎沸，上场一试者络绎不绝。可是，大家费了九牛

二虎之力，金币还是粘在墙上一动不动。

该店主可谓用心良苦，推销胶水手法既新鲜，又趣味十足，其结果必是胀鼓了自己的荷包。在商业竞争的过程中，经商者需要全力调动身边的一切资源。如果想把握住身边每一个赚钱的因素，幽默和智慧都是不可缺少的。

美国音乐指挥家斯托科夫斯基经常去一家小饭馆用餐。老板每次都用好饭好菜招待他，却从来不肯收他的餐费。一天，他忍不住问老板："你为什么对我如此客气？我又不是没有能力付饭钱。"

老板说："我是一个尊崇音乐的人，跟伟大的音乐相比，您的饭钱算不了什么。"

斯托科夫斯基听了非常感动。可是，当他走出饭馆的时候，却发现橱窗里挂着一块宣传牌，上面写着一句广告语：

"欢迎到本餐厅和伟大的音乐指挥家斯托科夫斯基共进早餐、午餐和晚餐。"

饭馆的老板不愧为一位深谙舍得之道的高人，以免费的饭菜吸引指挥家前来就餐，表面上看好像失去了一笔收入，而指挥家的影响力却无形地变成饭店的招牌，吸引了更多的顾客前来就餐。这种以小舍换大得的智慧，实在是经商中的一门大学问。

第四章

想要浪漫起来，那就给爱情加点幽默

幽默是智慧的最高体现，具有幽默感的人最富有个人魅力，他不仅能与别人愉快相处，更重要的是拥有一个快乐的人生。

——幽默大师查理·卓别林

第一节 粉红色的幽默，给求爱留条后路

幽默搭讪，接近意中人

幽默心得 苦寻多年的另一半就在眼前，可是如何去靠近呢？既怕惊吓了意中人，又不忍就这样错过。此时，幽默搭讪是最牢靠的战壕，进可攻退可守。

穿过茫茫人海，每个人都希望有机会遇到自己梦寐以求的"梦中情人"。回家的路上，朋友聚会中，或是在公共汽车上，蓦然回首的刹那间，突然在人群中看到一位似曾相识的女孩（或男孩），她（他）光芒四射、气质不凡。你的心告诉你："她（或他）正是你梦中一直追寻的'天使'。"这时该如何做呢？

有很多人，尤其是男孩子不敢轻易尝试，总担心会遭到意中人的拒绝。其实，几乎每一位女孩都以被众多男士追求而骄傲和自豪！所以，以一颗幽默的平常心走过去，勇敢地跟那个漂亮女孩攀谈，把握好这个难得的可以诉说衷情的机遇吧！

1920年，在巴黎的一次舞会上，上尉戴高乐正无聊地端着红酒杯打发时间。突然，他在舞会的角落发现了一位安静而且异常美丽的姑娘，她托着腮凝视窗外，如同置身于自己编织的梦境中。戴高乐坐不住了，他不断地向那

第四章 想要浪漫起来，那就给爱情加点幽默

个角落扫视，并思索着怎样去搭讪才不让对方觉得唐突。

他端起桌上的红酒，向那位小姐走去。快到跟前时，那位小姐突然转过头，嫣然一笑。戴高乐有些窘迫地说："我非常有幸认识你，小姐，这使我非常荣幸……""是吗？上尉。"姑娘不动声色地说。"这对我来说，是一种荣幸，一种莫名其妙的荣幸……"戴高乐想了好多遍的开场白也结巴起来，小姐"扑哧"一声笑了，没有拒绝他的邀请。

他们一边跳着舞，一边互相倾诉，等跳完第六支舞曲时，戴高乐上尉已经跟这位名叫汪杜洛的姑娘山盟海誓，定下了终身。事后汪杜洛小姐告诉戴高乐，他那句"是一种莫名其妙的荣幸……"的赞美非常真诚，还带有一丝淡淡的幽默气息，一下子就打动了她的芳心。

如果说戴高乐将军的幽默搭讪属于"歪打正着"，当一个普通人遇到自己心仪的对象时，该如何具体运用幽默呢？

首先要拿出勇气，不能被漂亮女孩的傲气吓得手足无措，要想办法保持一颗平常心，把她想象成一个很随和的人，主动走近她跟她搭话。然后，尽可能地利用一切可见的情景、可捕捉到的任何线索幽默一下，把她给逗笑。俗话说："微笑了，事情就好办了。"假如你能使意中人露出灿烂的笑容，那接下来的事情就容易了。

一个男生对人文学院一个漂亮的女生爱慕已久，但却不知道她的名字，也一直找不到合适的机会跟她搭讪、接触。

这一天，机会终于来了，他看见那个女生自己一个人走进一家牛肉面馆，便毫不迟疑地在后面跟着进去了。他有点紧张地向那个女生搭讪："经常在校园里见到你，请问你叫什么名字？"

那女生很疑惑地抬头看着他，说："我叫意大利面啊！"很明显，女生不想报上真名，但男生没有气馁，他红着脸"噢"了一声，然后说："那么，我也给自己起个面名吧，我叫加州牛肉面好了。"

女生冷漠的脸上马上露出灿烂的笑容。后来，这位高傲的"意大利面"小姐真的嫁给了"加州牛肉面"先生。

看到了吧？这就是幽默的神奇效果。在电影《阿飞正传》中，也有一段让人津津乐道的幽默情话：

在一个慵懒的下午，阿飞对着苏丽珍说："看着我的表，就一分钟。16号，4月16号。1960年4月16号下午3点之前的一分钟你和我在一起，因为你我会记住这一分钟。从现在开始我们就是一分钟的朋友，这是事实，你改变不了，因为已经过去了。我明天会再来。"

而之后苏丽珍的内心独白，也进一步证实了阿飞幽默情话的效应：

"我不知道他有没有因为我而记住那一分钟，但我一直都记住这个人。之后他真的每天都来，我们就从一分钟的朋友变成两分钟的朋友，没多久，我们每天至少见一个小时。"

如此幽默又有创意的情话，试问有几个人能够抵挡得了呢？正是由于这样，幽默作为一种有效的跟异性交往的方式，使得有情人能够及时抓住身边的好机会，在一见钟情的时候，用幽默的语言将内心深沉的爱恋表达出来。

说好第一句话，获取一颗芳心

幽默心得 初谙世事的男孩子都渴望跟自己身边的漂亮姑娘相识、交往，但许多人连相识这一关都过不了，更不要说获得姑娘的芳心了。跟心仪的女孩沟通，如果想有一个愉快的初次接触，那就保持一颗幽默的平常心。

跟女孩子第一次接触时，大部分男孩子最惯用的办法是预先设计程序、语言，有的甚至提前准备一张纸条，见面之后直接塞给对方了事。一般情况下，

第四章 想要浪漫起来，那就给爱情加点幽默

这种办法的效果并不是很理想，因为我们根本就无法预知实际的情形，比如，在什么样的场合、还会有谁在场、女孩会是什么态度、说什么话，等等。而使用幽默是不需要预先设定的，它能够敏感地捕捉现场信息，并引而申之，产生幽默效果，使对方莞尔一笑。

在人际交往过程中，几乎所有人都有说错话的经历，这也无可厚非，说错了也没关系，只要你能迅速拿出补救措施，就可以化险为夷。许多社交高手都能做到这一点。

在一次私人聚会上，一位男士对坐在他对面的女士产生了好感，为了引起对方的注意，他主动搭讪："见到你很高兴，你丈夫怎么没一起来？"

"对不起，我还没有嫁人……"

"噢，明白了，原来你丈夫是个光棍？"

这位女士先是被男士问得非常尴尬，但立刻被男士的话逗得脸上有了笑容。男士带有冒犯性质的问话没有惹恼女士，女士从跟男士的交流中体味到他的幽默气质，后来，他们真的成了一对情投意合的夫妻。

肉麻的情书有本事让恋人心荡神摇，于是，那些担心面对面地用语言表达爱情会失败的年轻人都会借助于情书，是因为情书可以字斟句酌、细细思量，即便语言表达不到的地方，也可以摘引别人的诗句。比如"你是我的生命"之类，由于情书中大多为修饰过的文词语句，爱情在情书中被刻意地装饰或肆意地夸张，所以情书比语言表达更能给情人制造想象的空间，更容易打动对方的心。而这种修饰或夸张的文字如果稍有过火或不当，其幽默色彩也是非常明显的。下面是一则经典的情书幽默：

有一个大学三年级男生，暗恋一漂亮女孩。写了一封文情并茂的情书，托女孩的弟弟代为转交。

第二天，那位男生又找到女孩的小弟，问他："我的信你交给你姐姐了没有？"

"噢，昨天我姐不在家，我就把信给爸爸了！"

"啊？给你爸爸了？那你爸爸说什么了？"

"我爸爸看了很生气，说你不念书，很无聊，让我把信退给你！"

"那信呢？"

小男孩说："信？我昨天去你家还给你，可是你不在，所以我就把信给你爸爸了！"

再来看另一则幽默故事：

有一男孩先给女朋友写了一封情书，然后又给父母写信要钱，结果粗心大意地装错了信封。于是，女朋友收到的信是："亲爱的爸妈，我最近谈了个对象，那女孩花钱很厉害，所以我的钱总是不够用，下次要多寄500美元。"

而他爸妈收到的信是："我的心肝，我的生命，我的一切的一切，我爱你，无论我家老头多么反对，我都要爱你一辈子！"

假如说情书传递上所造成的种种幽默在实际生活中并不多见的话，那么情书在文字内容上的幽默可真值得我们细细品味。那一句句火辣辣的话语使情感之火尽情燃烧，或用人间最美的事物来比喻赞美。这些话语源于精心的杜撰与装饰，在当事者眼中，也许是最可心动神摇的，但在旁观者看来，那明显荒谬的言辞本身就是一种幽默。

在情书里，爱情被穿上华丽的外衣，大肆发动攻击，直到结婚那天为止，这种进攻是不会停止的。结婚之后，恋人变成了夫妻，大家的本来面目逐渐表露，情书的历史才告结束，平稳而厚重的婚姻正式开始。虽然已经得到了芳心，但当意识到自己错了之时，还是应该用幽默去掩饰。

跟异性初次见面，还要多注意自己的措辞，尽量不要说错话，如果不小心说错了，最好及时予以弥补，比如故作愚蠢，就是个不错的主意。

两个不同学校的男女大学生进行联谊活动。一个秋高气爽的周末，他们在校园的草坪上聚会，生物系的一个男生出了个专业常识，他说："在我们的人体器官中，什么东西是一遇到兴奋就会膨胀起来？"

霎时，在场的女同学都羞红了脸，其中有一位对那位发问的男生怒目相向。眼见情形不妙，这位男生赶忙说："哈，猜不出来吧，答案是瞳孔。"

这个问题让在场的女生都觉得很尴尬，因为它极易让人联系到别的人体器官。在普通关系的男女之间开这种玩笑，会让人觉得挑起话端者思想龌龊。眼看就要招人恨了，聪明的男生赶紧自行公布答案——"瞳孔"，使剑拔弩张的气氛得以缓和。

故作愚蠢虽是不得已而为之，但它可以让我们避免冷场，使我们在异性面前显得更可爱。如果你面对的是一个完全陌生且行事严谨的对象，最好不要冒险去试验这一种幽默，因为可能使得你形象大打折扣。

幽默表白，恋爱必杀技

幽默心·得 向心仪对象表白的时候，一定要多用点心思，如果你的语言毫无新意，不能让对方当场感动的话，也许很难达到预想的效果。

成功的爱情应该具备两个基本要素：一个是有缘能够相见，另一个则在于恋爱说话技巧的应用。爱情需要适当的喜庆，喜庆有一种神奇的魔力，它能调剂心情，愉悦关系。没有喜庆，拥有再多，也往往会有空虚和失落的感觉。

一心扑在工作上的爱迪生，每天在实验室中忙碌，很少注意到生活上的琐事。就在他母亲去世两年后，朋友们见他的生活实在是太贫乏无味了，除了工作还是工作，于是就提醒他该给家里找个女主人了。

爱迪生将这句话记在了心里，其实他并非没有意中人，助理玛丽不但聪明、勤劳，而且人也长得很漂亮，个性又很温柔，并且善解人意。可是，因为是工作上的伙伴关系，接触太频繁了，他反而不知该如何表达。

有一天，爱迪生的心情似乎很好，在实验室里和同事们有说有笑，他忽然对玛丽说："我要娶你。"

玛丽听了，以为他又在开玩笑，于是回答："哦，那当然好啊。"

玛丽说完了根本就没当回事，谁知爱迪生第二天就带来了戒指套在玛丽的手上。

玛丽呆了，没有想到爱迪生是认真的。她思考了一下，其实爱迪生对自己也是有爱意的，只是他从不表达罢了。

玛丽接受了爱迪生的求婚，两个星期之后，两人就步入了婚姻的殿堂。

在婚礼的宴会上，爱迪生幽默地对朋友说："这次的实验完全没有准备，虽然违反了实验程序，但竟然成功了。"

如果爱迪生把求婚的一招一式都解说出来，朋友会听得很肉麻。但是，事实却如此幽默有趣，让大家避免了一场乏味沟通的劫难。再比如，女友带你上了趟她家，见到了她的父亲，她也许会问："你喜欢我爸吗？"你如果千篇一律地回答："喜欢，他老人家很慈祥。"那就索然无味了。但你要是换一种方式，幽默地说："这就要看他是否同意我早点娶你了。"这句话不但别具趣味，而且不失时机地表达了对女友的爱，女友肯定爱从心来。

对心仪的人说出内心的爱慕，有时情况变化复杂，这时候则需要一点小技巧来增添情趣。大文豪托尔斯泰深谙此中道理。

托尔斯泰年轻的时候喜欢上了一位名医的女儿，可是一直都不敢对她表白，他时常到名医家中做客，这和善的一家人都对他印象很好。这家人都以为托尔斯泰对他们的大女儿有好感，所以就尽量地撮合他们，但谁也没有想到，他其实是喜欢上他们家的小女儿苏索亚。

有一天，托尔斯泰参加苏索亚家举办的一个派对。当其他人忙着跳舞、谈天时，他将苏索亚拉到一个角落里，说要和她玩猜谜，他用粉笔在小桌子上写了一些字。

他指着每个字的第一个字母对苏索亚说："请你将每个字的第一个字母拼起来。"

当所有的字母组合起来，就变成了一句话，这句话是："我爱的是你，不是你姐姐。"

苏索亚羞红了脸，点头接受了他的爱意。

在表达爱意的时候并不一定要很直接，有时用一些有趣的方法间接地表达出来，反而能够触人心弦，营造出别致的气氛。用点儿心思，不管是含蓄也好，轰轰烈烈也好，生动地表达绝对会有加倍的效果。不仅如此，多年之后彼此回想起来，也是别有一番滋味呢。

幽默是爱情的催化剂

幽默心得 如果想获得心仪对象的好感，并进一步转化为爱情，除了要有一颗真诚的心和诚挚的态度之外，还需要机智与幽默的表达。没有幽默的参与，爱情之树便不能迅速地茁壮成长。

一个问题困扰了无数情窦初开的青年男女，那就是怎样向恋人表露自己的爱慕之情才是最恰当的。一般来说，表达爱慕之情并没有固定的程式可循，也没有现成的话语可套，不过，运用幽默的方式来求爱是个不错的选择，就算不能情场得意，至少也不会对以后的交往造成影响，而且还可以保留一份美好的回忆。日本幽默家秋田实就曾经说过："幽默是爱情的催化剂。"

懂幽默的人都知道，如果将一种语体的表达改变为另一种完全不同风格的语体来表达，通常具有让人忍俊不禁的效果。幽默情人为了使心仪之人在轻松愉悦之中欣然接受，也会借助这样一种方式来向对方求爱。

现实生活中不乏这样的例子，有一个男孩就是用这种新颖的赞美方式，使自己的"白雪公主"芳心暗许，并娶其为妻。在结婚的那一天，妻子幸福地公开了他们之间的浪漫爱情：

"当时，我在一所大学里做兼职银行出纳员，一个帅气的小伙子几乎每天都要到我的窗口来。他不是存款就是取钱，我还在纳闷他怎么有那么多业务。直到某一天，他把一张纸条连同银行存折一起交给我时，我才明白他都是为了我才这样做。我无法拒绝这诱人、新颖的求爱方式。"

那张纸条上写着这样一段话："亲爱的婕，我一直储蓄着这个想法，期望能得到利息。假如周五有空，你能将自己存在电影院里我旁边的那个座位上吗？我把你可能已另有约会的猜测记在账本上了。假如真是这样，我将取出我的要求，把它安排在星期六。不管贴现率如何，做你的陪伴始终是非常愉快的。我想你不会觉得这要求太过分吧，尽快来同你核对。真诚的杰。"

只要能够扬长避短，在跟对方的交往中，在言辞上多用一些心思，以幽默风趣的谈吐，制造出一种活泼愉快的交际氛围，自然而然地，你就会获得对方的青睐。可以这么说，假如爱情中没有幽默和笑，那么爱也就没有了存在的意义。有位爱情专家说过："爱就从幽默开始。"

在恋爱的时候，常常有人因为不知道怎样表达爱意，或因方法不当，或因言语不得体，使对方有了不必要的误解，甚至厌恶反感，结果弄得"不成情人成仇人"，把一件本应非常美好的事情变成了一件糟糕至极的事情。

表达爱情绝对不能一味地死缠硬磨，那样只会使人厌恶。爱的表达是需要一些技巧的，需要花费一番心思，比如，考虑如何获得对方的好感与信任，考虑如何将好感巧妙地转化为爱情。在求爱的过程中，制造好感是最重要的准备工作，而运用新奇幽默的方式向对方传递爱意，则是营造好感、加深好感的最佳手段。

婉言回绝，给对方留足情面

幽默心得 求爱是求爱者美好感情的流露，就算我们必须拒绝，也要理解求爱者的心意，尊重对方的感情。爱情本身没有任何错误，我们应该借幽默给求爱者继

第四章 想要浪漫起来，那就给爱情加点幽默

续爱的勇气。

歌德曾经说过一句名言："哪个青年男子不善钟情，哪个妙龄女郎不善怀春？"的确，男男女女在一起，本来就免不了暗生情愫。而在恋爱伊始，总需要有一方先行求爱，假如两厢情愿，那自然是皆大欢喜；假如不爱对方，那最好想办法巧妙地拒绝，尽量不要让对方下不来台，给对方留些情面。

有这样一个求爱故事：男孩很喜欢女孩，一直都紧追不舍。可是，女孩对男孩一点都不感冒，她冷冰冰地对男孩说："你到底喜欢我什么，我改还不行吗？"如同骂人的最高境界是不带脏字一般，拒绝告白的狠手段也不过如此。尽管这会让对方立即明白你的心意，但未免有些过于残忍，要是惹得对方因爱生恨，那后果可就不堪设想了。

所以，拒绝求爱的言辞一定要格外谨慎，最好不要让对方产生被看不起的想法，应该尽量机智幽默地表明心意。可以得到别人的倾慕是你的魅力，有能力巧妙地拒绝示爱则是你的另一种魅力。

古罗马帝国女数学家希帕蒂娅长得特别漂亮，时常有英俊少年、贵族子弟跑来向她示爱，对她展开强烈的爱情攻势。望着桌前堆成小山状的求爱信，希帕蒂娅非常头疼，她对爱情抱着慎重和严肃的态度，当然不会轻易接受别人的求爱。

于是，希帕蒂娅拒绝了所有的求爱者，她的拒绝理由也只有一个："我不能接受你，因为我已经献身真理了。"

对于不合心意的求爱者，你当然要坚决地推辞掉。但是，推辞的语言要恰当，要委婉幽默，既要将自己的意思表达清楚，让对方没有心存幻想的余地，又不能让对方觉得你不近人情。这些借口不会损害对方自尊心，不仅能保全他人的面子，还可以表明自己的心迹，堪称美妙得体、委婉含蓄。

假如你不喜欢对方，又感受到了对方的心意，在对方正式对你表白之前，最好想办法提前表明心意，这样就可以避免暧昧，也不会让对方误解。如此一来，对方会主动放弃对你的追求，双方也不会尴尬，做不了情人也别变成敌

人。不然，当无法避免同处一室时，两个人都会觉得尴尬。

假如是私下示爱，无论你如何讨厌对方，都要很有礼貌地先表达谢意，然后再婉转地拒绝对方。就算对方紧追不舍，你也要时刻注意自己的态度，言辞必须真诚、友善、婉转，使对方容易接受，千万避免不礼貌的挖苦和辱骂。比如，略带诙谐地对他说："谢谢你，请你不要因此而难过，我会永远欣赏你的好眼光的！"这样的回答，会让对方在笑声中了解你的真实心意，更会感受到你传递的温暖信息。

最后还要提醒大家一点，拒绝他人求爱后，我们要注意帮对方保密，特别是同学、同事之间，以免让对方陷入尴尬，不好做人。当年，著名数学家陈景润拒绝了众多爱慕者的求爱后，便将她们的求爱情书一一烧毁，他说："这些姑娘以后还要恋爱、结婚，我一定为她们保密，扩散出去会对她们有影响。"

拒绝有分寸，一笑成朋友

幽默心得 有幸得到别人的爱是一种难得的缘分，即便无法接受，也应该用自己的智慧巧妙地去拒绝。在拒绝求爱时，如果掌握好分寸，并加入一点用心的幽默，必然能使对方在笑声中感受到你的温暖。

人不仅有爱的权利，还有不爱的权利。当有人向你表白，希望跟你恋爱，而你的心里并不喜欢对方时，自然应该予以拒绝了。但是，拒绝对方的言辞是需要委婉恰当的。假如你的言辞过激，不仅会伤及对方自尊，还可能使其因爱生恨；假如你的言辞过于隐晦，又可能让对方抱有幻想，继续跟你做无谓的纠缠。因此，恰当地把握拒绝的分寸是非常重要的。

拒绝示爱的确不是一件容易的事情。你不仅要用简单的语言把意思表达清楚，还要尽量给对方留一些余地，让对方不至于陷入难堪之中。如果你的幽默言辞能让对方展露笑颜，那你们应该可以继续做朋友的。

第四章 想要浪漫起来，那就给爱情加点幽默

打个比方，有位男士在公司联欢会上或朋友聚会时对你示爱，在众目睽睽之下，你觉得怎样拒绝他，才能既保全他的面子，又不拖泥带水呢？告诉他三天后给答复，然后私下拒绝他？这可不行，大家出于好奇会四处打听结局，弄得他更没面子。所以，你一定要当场拒绝，并且注意语言技巧，避免让对方下不来台。例如，假装大大咧咧地当众质问他："你也太不厚道了，我是剩女怎么着了，为什么大家都爱拿这事儿寻我开心？今儿我干脆就当众宣布好了，我是非金城武不嫁的，以后谁再开我玩笑，我就跟谁急！"

这段语言中隐藏了一定的自嘲、自我贬低成分，尽管你拒绝了对方，但并没有摆出高高在上的姿态，反而将被拒绝的示爱者抬到了一个较高的位置，让他有苦也道不出。而且，通过语言技巧，你拒绝的对象已经由示爱者悄悄扩散至"大家"，也免得对方陷入难堪。他只消微微一笑，说句"你居然连这玩笑都能看穿"，就可以消解被拒绝的尴尬，保全个人的自尊。

我们再来看看一位姑娘的表现：

有一个小伙子当众向一位姑娘表达倾慕之心。
姑娘问道："你真的爱我吗？"
小伙子："是的，我敢对天发誓……"
姑娘："那你用什么证明呢？"
小伙子："用这颗赤诚的心。"
姑娘委婉地说："对不起，你是唯'心'主义者，我可是唯'物'主义者啊！"

小伙子嘴里说的"赤诚的心"，跟唯心主义和唯物主义的哲学名词没有任何牵连。可姑娘在这里把它们硬给联系到一起，使人感到非常谐趣新奇之余，也将拒绝的意思传递给对方。就像我们前面讲到的，有些人也会采用幽默的语言来求爱。在这种时候，如果被追求的一方要拒绝对方的求爱，更应该幽默以对，这样不仅能够达到自己拒绝的目的，而且还能让求爱者会心一笑。

钢琴师向同乐团的一位姑娘求爱，他的情书内容如下：
"你的皮肤像白色琴键那么白净，你的头发像黑键那么黑亮，在我眼

里，你是世界上最美的一架钢琴。"

在回信中，那位姑娘写道："可是我是拉小提琴的，而从你身材看来，很像大贝司（低音提琴，样式笨大）。我担心咱们两个琴瑟不谐呀。"

姑娘针对钢琴师职业感十足的求爱信，采用同样充满职业特性的回信予以拒绝。由琴瑟和谐到琴瑟不谐，拒绝的语言也透出高雅的气质。在现实生活中，你很可能会遇到对方抱着谈情说爱想法的约会，为防患于未然，假如你不喜欢对方，最好尽早对此婉言谢绝，让对方知道你的心意，放弃对你的追求。

护士曹颖长得漂亮又机灵，大家都很喜欢她。这天下班，办公室年轻的张医生对她说："小曹，一起去吃饭好吗？我有一件非常重要的事想跟你说。"

曹颖马上就明白了"重要"的含义。于是，她笑着说："好啊！我也刚好有事情要请你帮忙呢。"

张医生一听高兴极了，满脸笑容地说："行，只要是帮你的忙，我绝对两肋插刀。"

曹颖又笑了："可没那么严重，不过是我男朋友脸上长了几颗青春痘，我想问你怎么治疗效果更好一些。"

采用类似幽默含蓄的拒绝方法，一般情况下都很有效，能够使对方不损颜面地知难而退，再见面时也不会过于尴尬。在爱情的角力之中，被拒绝的一方免不了会有受伤的感觉。如果拒绝的一方能够主动安慰一下，那便再好不过了。

在拒绝一名男子的求爱后，漂亮的小姐安慰他说："不过，你不必过于伤心，我会永远欣赏你的好眼光。"

以一种赞许的姿态来回应别人的爱慕，不仅是一种有良好教养的表现，也是一种十分得体的处世方法。拒绝别人是一种与人相处的艺术，拿捏好分寸是最为重要的。如果运用好幽默的权杖，就不会让对方感到难堪，并可以很好地表达自己的意思。

第二节 极致幽默情人，恋爱不再平淡无味

缺少幽默，爱情太平淡

幽默心得 如今，很多年轻人都有自己的个性特点，要是对其语言的使用稍作研究，便不难发现一个普遍的现象，那就是对恋爱中的幽默语言知之甚少，这往往会制约感情的进展。

随着经济的发展，生活也变得丰富多彩起来，而当代青年也是形形色色的。假如我们从语言的幽默感的角度来观察当代青年，可以发现不少青年男女在恋爱中语言的使用方面存在着一些问题，使得爱情过于平淡或者容易夭折。

下面我们就逐一探讨几个常见的问题，希望对恋爱中的男女有所帮助。

一、对心上人唯命是从

相声《虎口遐想》中，有一段经典的台词，说得非常幽默：

甲：你说如果我有个对象的话，我能星期天没事跑这儿看老虎玩来吗？

乙：那怎么就不能来啊？

甲：怎么不能？搞对象的小伙子你们说说，你们搞对象，你们到了星期天——谁不上丈母娘家干活去。

乙：是这样吗？

甲：是这样吗！我跟你讲，我们家老二自从搞对象起，人家丈母娘家再也不雇保姆啦！

乙：那这么说你就愿意当这保姆？

虽然仅仅是段相声，并不是某青年的真实话语，但内容却既真实而又充满幽默感。不少青年为了获得心上人的爱，表现得很驯服，唯命是从，有叫必应，有的甚至毫无主见，没有任何原则，这往往会让追求者失去自我。

二、醉心于甜言蜜语

前几天在网上看到一则《厨师的情书》的幽默小故事：

年轻的厨师给女友写情书："亲爱的，不管在煮汤或炒菜的时候我都想念你！你简直像味精那样缺少不得。看见蘑菇，想起你的圆眼睛；看见猪肺，想起你的红润柔软脸颊；看见鹅掌，想起你的纤长手指；看见绿豆芽，想起你的腰肢。你就像我的围裙，我不能没有你。答应嫁给我吧，我会像侍候熊掌那样侍候你。"

女友给他写了回信："我也想起过你那像鹅掌的眉毛，像绿豆芽的眼睛，像蘑菇的鼻子，像味精的嘴巴，还想起过你那像雌鲤鱼的身材。我如同鲜笋一般嫩，未够火候，出嫁还早哩！顺便告诉你，我不打算要个像熊掌的丈夫。其实，我和你就像蒸鱼放姜那样，相信你明白我的意思。"

现实生活中，这样的青年确实不在少数，总以为只有甜言蜜语才能传递爱意，才够甜，才有味，甚至不惜生搬硬造。就像这位年轻的厨师，想编成一篇充满甜言蜜语的求爱信，由于比喻不恰当，显得感情不真实，结果却适得其反。这个故事就对那些青年的甜言蜜语进行了善意的嘲讽。

关于这方面的幽默是很多的，不知你是否听过"赴汤蹈火"？

在给女朋友的信中，小伙子写道：

"我爱你爱得如此之深，以至愿为您赴汤蹈火。如果星期六晚上不下雨，我一定去找你。"

由于甜言蜜语没有真实的感情基础，有的甚至直接从书本上抄袭词句，用其代替自己的语言表达，所以往往很难达到预期的效果。

三、何时何地都直言不讳

真心地爱一个人，那么就应该在任何时候、任何事情上都讲"真话"，对其没有丝毫的隐瞒和做作，这种观点自然是正确的。但是，也不能过于绝对化，更不能简单地理解为"爱情就是真诚"。比如，当谈论彼此的不足之处和需要评价对方的不足时，就要坦率与委婉相结合，直言与婉言互为补充。

一位聪明的小伙子和一位漂亮的姑娘，他们互相爱慕着。小伙子刻苦学习，很有上进心，就是个子有些矮，在这点上，小伙子时常感到自卑。

这一天，小伙子问姑娘："你觉得男子要身材高大才有魅力，是吗？"

"是的。"姑娘点头表示附和。

于是，小伙子开始有意地回避姑娘，两人终于分手了。

男子身材高大显得硬挺帅气，这是毫无疑义的。但是，这位姑娘也可以委婉地表达出来："男子高大是有魅力，可男子的最大魅力还在于他的聪明才智；矮人多为足智多谋之人，做大事业的也是矮子居多。"假如这样幽默地说出，也许他们的爱情也不至于夭折。

四、沉默少语

有些青年总觉得，"会捉老鼠的猫不叫"，"会叫的鸭子不下蛋"，反正我对你是真心的，是否表达出来、怎样说都没有关系。像《天仙配》中的董永，傻乎乎的不善说话，却能被美貌的七仙女看上，因此，恋人之间还是少说为佳，言多必失。于是，原先不会说的心安理得，会说话的也尽量控制自己少说话。

实际上，如果男青年过于缺乏新时代的特色，是很难获得女青年好感的，很容易让女方觉得跟不上潮流。生活中有很多类似的例子，如"羞于启齿"就非常典型。

青年小刘跟女朋友从认识到恋爱，已经相处了好长一段时间，可害羞的小刘却一直不敢向女朋友求婚

女朋友忍不住问道:"小刘,你是不是有话对我说?"

小刘红着脸,吞吞吐吐地答道:"是,是的,我想……想问你,你愿意死后葬在我家的祖坟吗?"

尽管这则幽默更像笑话,但也说明像小刘这样的青年也太不善于辞令了,居然说出这种应该避讳的话,也不担心会使美满的爱情半途而废。

幽默口才,做最合格的情人

幽默心得 假如你懂得在你和恋人之间使用幽默口才,那么,你就会发现这可以为你的恋爱生活增添许多快乐。恋人间的幽默是一种永远迷人的诱惑,是一种无法抵挡的诱惑。

有了幽默口才,我们就可以拥有自己所需要的精神生活。有了幽默口才,我们就可以自由地感受自我与环境,发挥并表现出自己的才能与力量。有了幽默口才,就算面对事业的失败和人生的苦恼,我们也能放开自己的心胸,在痛苦中拥抱欢乐。

幽默口才之所以被无数人称道,就在于它可以将不协调的事物调节到和谐的状态。男女之间总是存在着一些令人神往的神秘东西,这种东西对双方都是一种诱惑,也是男女之间相互吸引的原因所在。这种奇妙的东西就是情人间的幽默口才。

在恋爱过程中,有一种偷换概念的幽默口才,它总是能带来真心的欢笑以及双方情感的升级。

一对恋人正处于热恋阶段,他们在公园里约会,女朋友问:"我问你,不要瞒着我,你在跟我恋爱之前,有谁曾经摸过你的头、揉过你的发、捏过

第四章 想要浪漫起来，那就给爱情加点幽默

你的颊？"

男朋友想了一下，说："啊，这太多了，昨天，就有一个……"

女朋友愕然，急急地问："谁？"

男朋友一本正经地说："理发师。"

这个小伙子把"还有什么女孩亲热你"的概念转移到"理发师"身上，一语出口，女朋友怎能不为之一笑呢？在求爱过程中，男性总是想方设法地用甜言蜜语对女性发起攻势，大部分女性对这种进攻都束手无策，这种时候，要是使用幽默口才作为自己的武器，就能达到促使对方的伪装落败的效果，而且还能为自身的可爱与机智加分。

男青年："请你相信我。"

女青年："如何相信呢？"

男青年："亲爱的，我那纯洁的爱情只献给你一个人。"

女青年："那些不纯洁的爱情给谁了呢？"

还有，当你的男友正被周围的其他女孩吸引时，不要蛮横地加以指责，这样做很难达到你想要的目的，而且还会有损你在他心目中的形象。用幽默调侃的语言给他温柔一击，这会使你在实现目的的同时彰显女性魅力。

一对恋人参加聚会，女孩子发现男朋友忘记了自己，他一直用美慕的眼光偷看坐在对过的那位时髦的女郎。

于是，她伏在男朋友耳边悄悄说道："你跟她说句话吧，不然别人该把她当作你的未婚妻了！"

看，这个女孩子多么聪明，一句话就把男朋友从失态中唤回来了。这种钝化了的攻击，任何男人都没有办法拒绝。

"小心眼儿"是很多陷入爱情之人的共性，当女士醋意上升的时候，就需要男士的幽默感来中和一下酸意了。

一对恋人正在海滩上晒太阳，女孩发现一个穿着最新款三点式泳装的女郎走了过来，站在海滩上一个劲地搔首弄姿。

"喂，你看！"她对躺在旁边的男朋友说，"她和你崇拜的××一模一样。"但男朋友并没有理会，依旧闭着眼睛躺在那儿。

女孩诧异地问道："怎么？难道你真的一点都不感兴趣吗？"

"当然，"男朋友说，"假如她真和××一样，你是绝对不会让我看的。"

这位男朋友很了解女孩喜欢吃醋，面对女朋友的讽刺也非常冷静，并用带有幽默感的语言回敬了她，不仅批评了女朋友的小气心理，又表明自己知道她深爱自己的情感。

书信也幽默，鸿雁传情意

幽默心得 男女的恋爱是一种艺术，书信（情书和短信）的写作更是一种艺术。假如说情场如战场，那书信便是爱情攻坚战中最有力的武器，可以为平淡的相处增添情趣。

在求爱的时候，情场上的胜利或失败，跟书信的写作水平至少有50%以上的关系，因此，写情书、发情话短信都要讲求一定的语言技巧。

在33岁时，老舍先生就已经是文坛著名的作家了，但还未成婚。当时，朋友们发现他跟胡絜青的性格和爱好非常接近，于是就刻意撮合，大家轮流请他俩吃饭。

赴宴三次后，两人已经领会了朋友们的好心。于是，老舍给胡絜青写了第一封信，内容如下：

"我们不能总靠吃人家饭的办法会面说话，你和我手中都有一支笔，为什么

第四章 想要浪漫起来，那就给爱情加点幽默

不能利用它——这完全是属于自己的小东西，把心里想说的话都写出来。"

信写得真诚而坦率，胡絜青自然是没有异议了。他们相约，每天都给对方写一封信，假如哪天老舍没有收到胡絜青的信，他就跟丢了魂一样坐立不安。

不管是情书还是手机短信，都是用来表达内心的真挚情意的，所以必须写得情真意切，才能打动心弦、赢得芳心。书信也是一种非常强烈的"印象装饰"，因为它企图通过优美的文辞和修饰过的语句，来传递爱慕之情并打动对方的心。幽默的求爱、求婚方式，似乎更有魅力，更富有打动人心的浪漫情趣。

1780年，富兰克林丧偶后独自在巴黎生活，他向他的邻居——一位迷人而有教养的富孀艾尔维斯太太求婚。

在给艾尔维斯太太的情书中，富兰克林说，他梦见自己的太太和艾尔维斯太太的亡夫在阴间结了婚。接下来，他又写了一句话："我们来替自己报仇雪恨吧。"

后来，这封情书被评为文学的杰作、幽默的精品。

恋爱时，写情书具有投石问路的作用，可以试探对方对自己究竟有没有"那种意思"，假如过于庄重严肃，一旦遭到回绝，势必一时在情感上无法承受，极有可能会陷入痛苦之中。要是恰当地运用幽默的技巧，以豁达的态度对待恋爱问题，就算得不到爱，也不至于懊悔，不会让自己的自尊心受到创伤。

有一位男青年给女友发了一个短信，内容是：

"昨夜，我梦见自己向你求婚了，你怎么看呢？"

他的女友巧妙地回答："这只能表明睡眠时的你比醒着时的你更有人情味。"

善于在遣词用句上花一些工夫，以幽默风趣的谈吐制造出一种轻松甜蜜的交际氛围，不知不觉中，你就会获得意中人的青睐。可以这么说，假如爱情中失去了幽默和笑，那么爱也失去了存在的意义，因为幽默是爱情的开始。

幽默情话，帮助爱情保鲜

幽默心得 在有些人看来，甜言蜜语式的情话或许是一种矫情，但是，幽默的情话却不同，它对所有人来说都是一种情趣。

幽默无处不在，谈恋爱也同样如此。情人间时不时地来点小幽默，不仅能加深彼此之间的感情，还能让二人世界更加五彩斑斓。

小伙子："认识你是我这一生最大的幸福，你简直是我黑夜中的电灯泡……"
姑娘把小伙子推开，说："去，你给我离远点。"
"你这是干吗呢？"小伙子有点摸不着头脑。
姑娘："既然我是电灯泡，那你当心触电。"

一句"当心触电"，在打趣之余，更有一种撒娇的意味。谈恋爱，偶尔来点幽默就像变魔术一样，总是那么令人心驰神往，令人迷醉。散发着机智的甜言蜜语，令你在恋人面前充满了难得的魅力。

女友听说最近男友状态不好，做什么事情都心不在焉，所以就想安慰一下他。

女："亲爱的，听说你最近工作不是很顺利，没什么效率，是不是没用什么心思，心跑哪里去了呢？"

男："问我的心跑到哪里去了，你还真是健忘，你忘了上回我们约会的时候，你已经叫我把心交给你了吗？"

男孩话锋一转，便转到了另一个话题，不仅表达了对爱人的那份在乎，让对方觉得自己的重要，同时也巧妙地回答了她的问题。我们知道，幽默的言谈

第四章 想要浪漫起来，那就给爱情加点幽默

是爱情中最丰富的话语，在无形中便自然而然地增进了彼此之间的感情。

女："你在看什么呢？老盯着我。"
男："你的眼睛。"
女："你这样盯着我看已经不止一次了吧？"
男："你知道为什么吗？"
女："不知道，为什么啊？"
男："因为你眼睛里有我。"

这样的甜言蜜语，能不让女孩子更加动心吗？我们总说恋爱使人的生命焕发出甜美的光芒，而恋人的笑则是恋爱中甜蜜的芬芳。令恋人如沐春风的不仅仅是玫瑰花，还有你幽默睿智的情话。

暗示的幽默，情人间的亲密接触

幽默心得 在微妙的恋爱关系里，每一个细微的动作，每一句话语，都会受到微妙的心理因素支配。假如你能技巧性地掌握和运用这些因素，就可以明白幽默情话的深意，跟情人进行第一次亲密的接触。

古诗云"我泥中有你，你泥中有我"，正是热恋情侣如胶似漆般难以离分的真实写照。如果想让爱更亲密，不仅需要双方用心营造浪漫的气氛，还需要恋人用机智与幽默表达出自己内心深处的浪漫情怀。否则的话，很容易在爱情的角力中败下阵来。

恋人之间，随着相爱程度的加深，自然而然会有肢体的接触，会出现亲昵的举动。这一切都是正常的、恰当的。不同的是，有的人比较大方，而有的人有些胆怯。面对羞涩的爱人，也许你可以试着用幽默破除他心中的疑虑。

一个小伙子性格比较内向，虽然很想跟女朋友亲近，但就是缺乏勇气做实质性的尝试。他的女友也很着急。

一天晚上，小伙子和女友在花园里约会，女友突然想到了一个鼓励他亲近自己的办法，她对坐在身旁的男友说："听人说，男人手臂的长度刚好等于女子的腰围，你相信吗？"

小伙子立刻拉着女友站了起来，然后挽住了心上人的柳腰，温柔地说："来，我给你比比看。"

女孩主动说出了男友一直不敢提的要求，聪明幽默地表达了想跟男友"亲近"的想法，而又避免让自己陷入尴尬。这样的女孩如何能不让她的男朋友喜欢呢？

一个小伙子悄悄从后面蒙住了恋人的眼睛："给你三次机会猜猜我是谁？猜不中的话我就要吻你了。"

女友俏皮地说："你是莫扎特、徐志摩，还是达·芬奇？都不对呢？算你赢了！"

谁都听得出，女友故意说错这一串人名，是在幽默地暗示男友"吻我吧"，估计男友心里也是乐开了花。

当然，大部分女孩子都是羞涩而拘谨的。因此，当男友打算表达亲近需要的时候，要格外注意暗示的幽默技巧，委婉地争得女友的同意。比如，遇到比较羞涩的女孩，小伙子在提出亲昵请求的时候，一定要懂得采取另外的方式。

烛光晚餐、鲜花红酒，都是营造浪漫的绝佳武器，假如想让这种浪漫气氛更为浓烈，那就多想些幽默招数来锦上添花吧。

一个小伙子为女友捧上一束鲜花，女友见了一时高兴，激动地抱着他就吻。谁知小伙子却挣脱向外就跑。

女友不解地问："有什么事啊！"他兴奋地说："再去拿些花来。"

小伙子幽默地将鲜花数量跟亲吻数量联系起来，营造出一种令人忍俊不禁的效果来，同时将自己的爱意暗自传递出去，女友自然会感受到他的浪漫，心甘情愿地再次献上热吻。

幽默双人舞，将爱情进行到底

幽默心得 跟恋爱时相比，那些两人世界更离不开幽默，我们应该相信一点，不管在什么情况下，一对善于以幽默来润滑生活之轮的小夫妻，他们获得的幸福比任何家庭都多。

爱情之火燃烧到一定程度，就该开始二人的城堡生活了。很多人有过从爱情到"城堡"的体验，不过他们的感受是当初的爱火似乎熄灭了，妻子抱怨丈夫好吃懒做、不理家务、感情迟钝，丈夫觉得妻子缺乏激情、枯燥乏味。不管是爱情还是家庭，都依赖一种双向的合力运动，成亦在此，败亦在此。

没有人不希望婚姻甜甜蜜蜜，家庭幸福美满，享受无穷无尽的温馨和乐趣，将爱情进行到底。对于每一个做丈夫或做妻子的人来说，希望婚姻生活幸福美满都是一个美好而且不算过分的要求。然而，在日常生活琐事的冲突中，如果保持这种朴实的幸福，使自己的爱情始终如恋爱一样美好，仅凭主观想象和愿望是不够的，还要有一种技能——用幽默助燃爱情之火，将爱情进行到底。

富兰克林曾经说："婚前要张大眼睛，婚后半闭眼睛就可以了。"因为那些婚后睁大眼睛的人，往往会抱怨自己婚前瞎了眼睛。因此，任何一个成了家的人，不要随便去否定自己的眼力，应当试着以幽默去经营自己的爱情。假如没有根本性的、重大的分歧，幽默将使婚姻生活始终处于保鲜期。

有一位男士，非常有幽默感，为人脾气随和，他的妻子似乎被他传染了，也很有幽默感，两人经常跟彼此开些小玩笑，丰富两人的感情生活。

有一次，乘坐电梯，里面只有三个人。这位男士目不转睛地盯着旁边那

位美丽的长发女郎，他的妻子不高兴了。

突然，那个女郎转过身来，给了这位男士一巴掌，嘴里说道："给你个教训，下次别偷捏女孩子！"

当夫妻俩走出电梯时，这位男士委屈地对妻子说："我真的没有捏她！"

妻子说："我知道，因为我捏了她。"

为了教训一下丈夫的失态，妻子巧妙地利用了女郎常规的心理反应，使女郎判断失误，让丈夫有苦难言。对一个具有幽默感的丈夫来说，这种惩罚称不上过分，而且有的丈夫还会用欣赏的眼光来看待妻子。而对那些毫无幽默感的丈夫来说，妻子最好不要自作聪明玩这种鬼主意，否则，很可能会让自己陷入难堪。

在现实生活中，我们经常会遇到一些聪明的夫妇，他们都善于以开玩笑的方式来表达爱情。因为懂得幽默，所以他们过得很快乐。

丈夫跟朋友损妻子："我老婆从来不懂得钱是什么，她觉得任何商品都是5折的东西。"

妻子也不甘示弱："所以我才会嫁给你啊，因为你的聪明也是打过折扣的。"

睡前，丈夫跟妻子说："记得叫醒我看足球现场直播啊。"

妻子说："明天看重播不一样吗？"

丈夫回道："新婚跟二婚能一样吗？"

夜过半，妻子大声对丈夫嚷嚷："快起来看你的新娘子。"

妻子第N遍提醒丈夫："不要忘了，明天是我们的结婚纪念日，你说我们该如何庆贺一下呢？"

丈夫考虑了一会儿说："到时候，咱们安静两分钟，怎样？"

很多人觉得，生活是时间的形态。在家庭生活的漫长岁月中，这种形态会显得呆板而凝固。于是，便出现了节日、生日等活动，人们在诸如此类的活动中怀念某些值得怀念的时刻，其最终目的是为了留住美好的爱情。

所以说，我们应该牢记生活中某些有意义的时刻，让直达人心灵深处的幽默产生长远的影响，以便将来回顾这一时刻时，仍然会露出幸福的微笑。罗钦

第四章 想要浪漫起来，那就给爱情加点幽默

斯基夫人在其名著《生命的乐章》一书中，记载了这样一个故事：

别人问罗钦斯基："你生了儿子，满意吗？"

他回答说："这得问我夫人，因为孩子是她生的。至于我，诸位，我平生最满意、最辉煌的成就便是我竟能说服她嫁给我！"

罗钦斯基夫人马上接着说："我为他生了孩子，却丢掉了皇冠！"

一刹那间整个屋子充满了笑声。

不管是做妻子的还是当丈夫的，恐怕谁也不会把这些愉快的时刻忘掉。

即便是在双方发生分歧的情况下，如果你能撇开严肃的态度，以幽默来暗示责备，那么就算你选择半讽刺、半宽容的幽默，也可以将愉快而不是伤害传递给对方。

丈夫："你出门时，能不带那只怪模怪样的花狗吗？"

妻子："我觉得那条花狗挺可爱的。"

丈夫："你非要带着它，是想以它作对比，显示出自己的美貌吧？"

妻子："你真糊涂，假如想那样，我还不如带你出去呢！"

在婚姻生活中，不仅需要有温柔的感触，不断激荡的热情，更离不开幽默的魔法。这种魔法可以表现出你的灵巧、有趣、富有朝气，它能使爱情之火一直燃烧下去。

某病理学专家在报纸上发表了一篇名为《论吸烟的危害》的文章。

妻子问："报社给的稿酬你都干什么用了？"

专家回答："今天上午买了一条'软中华'，请客了。"

这对话不失为一个良好的开端，之后的整个晚上，他们的家里都会充满欢笑。一般来说，这种润滑生活轮子的幽默往往会暗含着善意的讥讽，但我们不需要为此担心，因为它产生出来的是情感的火花，能使双人舞更加和谐美妙。

第三节 当爱情失控，用幽默来平衡

用幽默来弥补你的错误

幽默心得 恋人之间感情再好，也免不了发生磕磕碰碰的事情。当恋人闹矛盾或者一方有过失时，假如能够适当地加入幽默这种润滑剂，不仅能够避免进一步的摩擦，还有助于增进双方的感情。

俗话说得好："相爱容易相处难。"恋爱如同共舞一支双人舞，再高超的舞者也免不了有踩脚的时候。犯错误是恋爱中很难避免的事情。那么，当恋人间的一方做错了事或有过失的时候，难免要给一个解释，这种时候，用简短的幽默可省去一大段解释，也能避免对方没完没了的埋怨。比如：

钱小小没有时间观念，跟男朋友约会常常会迟到半个小时。

第一回，她进行了自我责备："我迟到，我有罪，我罪该万死！"

第二回，她转守为攻地说："我看是你的表拨快了半个小时吧！"

第三回，她还是有理由："我的表是按北京金秋时间，比夏令时慢半小时呀！"

她每次都有办法为自己狡辩，逗得男朋友对她又爱又恨。不过，天底下有哪个女孩跟男友约会不会迟到几次呢？于是，男朋友也就一笑了之。

第四章 想要浪漫起来，那就给爱情加点幽默

钱小小靠着幽默解释了自己的过失，也得到了男友的原谅。但是，迟到终究是不妥的，恋人能够容忍，是因为有爱情的力量，所以大家还是谨慎一些。如今，"野蛮女友"是越来越多，这不仅仅体现了现代女性的个性化，更是现代男性包容女性的结果。可是，男人大多好面子、爱吹嘘，所以很容易出现面对女友"当面羊，背后狼"的情形。就像下面这位：

一个派对上，大家玩得非常尽兴，小李对赵武说："听说你女友是个'河东狮'？"

赵武为了面子只得跟朋友吹嘘："哪里，她见了我像见了老虎一样！"

谁知这话被女友听到了，大骂道："混账，你说谁是老虎？"

他只好讨好地说："我是老虎，你是武松呀！"女友被逗笑了，气也消了。

上面的赵武就是巧妙地运用了"武松打虎"的典故，安抚了盛怒中的女友。面对"野蛮女友"，你也可以试试这一招。在明确自己做错了的情况下，你不妨以幽默的方式跟你的恋人一起笑，笑你犯下的错误。当然，生活中的某些小错误是无法依靠一个简单的自嘲来弥补的。假如你惹得恋人生气了，又拉不下脸来道歉，应该怎么办呢？

一对恋人吵架了，女友气得转身就要走。小伙子一把抓住女友的手，把她拉到附近的餐厅里，温柔地说：

"亲爱的，要走，先把饭吃了，你才有力气走；要吵，也得先吃饭，你才有精力跟我吵架啊。"

见男友这样来逗自己，女友也忍不住笑了。

小伙子的话，不仅用幽默逗笑了女友，还传达出了深深的关爱之意。小伙子的幽默就像及时雨，使双方的矛盾隔阂很快消除。假如双方因为一时的矛盾已经僵了好几天了，又该如何破冰呢？下面这位小伙子的做法倒有几分创意：

一个小伙子犯错惹怒了女友，女友连续好几天都不理他。小伙子只好将一

袋女友爱吃的香蕉和一罐红豆放到女友家门口，并附上一张字条，上面写道：

红豆生南国，春来发几枝。

愿君多采撷，此物最相思。

送你一香蕉，愿解心头锁。

唯有一事求，请你原谅我。

红豆寄相思，香蕉表歉意。看到小伙子那么有才情的诗句，女友必定忘却心里的不快，回以嘴边的莞尔一笑吧。

一位恋爱专家曾经说："只要怀着一颗热爱生活的心，有着一双善于观察生活的眼睛，珍惜几世修来的相知缘分，爱之幽默便会像喷泉一样不断地涌出。"

幽默谈吐，守护爱情之花

幽默心得 幽默谈吐作为一种含蓄的表达方式，使得单身男女乐以此道在恋爱生活中表达爱的情感，解决爱情中的小摩擦，在欢笑中传递浓浓的爱意。

在恋爱过程中，情侣之间不可避免地会出现一些误会或矛盾，这时要想跟恋人尽快和好，就需要以幽默来巧妙解决。

有一对情侣约会，小伙子迟到了，姑娘撅着嘴不高兴。

小伙子见此情景微微一笑，然后，不慌不忙地走到姑娘身旁，对她说："我今天有一个重大发现。"女人不作声，用疑惑的眼神看了男友一眼。

小伙子赶忙上前一步，附在女友耳旁小声说："我告诉你一件事，请你保守秘密。我今天才知道——你是如此爱我。"

一句悄悄话，姑娘脸上立刻"多云转晴"，洋溢着幸福的微笑。

第四章 想要浪漫起来，那就给爱情加点幽默

爱情是那样地甜美，爱情之花需要用甜甜蜜蜜的话语来滋养。但甜言蜜语不能有虚夸成分，而应该是发自内心地爱慕、赞美和尊重对方的言谈。要想使甜甜的话语听上去婉转动听，就需要借助幽默的力量。

有一个姑娘问男朋友："你为什么一直送人造花给我？我更喜欢鲜花啊。"男朋友从容答道："亲爱的，这是因为鲜花很容易枯萎，它们总是在我等你的时候就枯萎了。"

"真的吗？你真的特别爱我吗？"姑娘不放心地追问。"特别爱你。""那你愿意为我献出生命吗？"

男朋友捧住姑娘的脸，看着她的眼睛认真地说："亲爱的，我想这可不行。因为假如我死了，就没有人能像我这样来爱你了。"

姑娘一边高兴地抿嘴笑，一边嗔怒地捶打男朋友的胳膊。

跟心仪的对象交往，一定要善于使用幽默的谈吐，做到诚恳对人、热情大方、自尊自重，全方位展示自身良好的修养和人品，用心赢得异性的尊重和爱。就算遇上磕磕绊绊的事情，也能够用幽默来化干戈为玉帛。

有一位文学博士生，在热恋的时候，仍专心不二地用功读书。女友不满地说道："但愿我也能变成一本书。"博士疑惑不解地问："为什么啊？"女友说："那样你就会长时间把我捧在手上了。"

见女友满脸的不快，博士赶紧打趣地说："那可不行，要知道，我每看完一本书都会换新的……"女友急了："那我变成你书桌上的古汉语词典好了！"

话一说完，两人都禁不住扑哧笑了。

用幽默来解决恋爱小矛盾时，还要注意把握好说话的尺度和时机，以避免不仅没有把问题解决，反而使场面更不好收拾。

有一个姑娘跟男朋友约会，结果迟到了半小时。当姑娘赶到时，小伙子正焦急地东张西望。姑娘不好意思地招了一下手，然后走过去解释："对不

起，我又来晚了。不过，这次是有原因的，我的手表没电了。"

小伙子笑笑说："看来你应该换一块手表了，不然的话，下次约会我就可能换人了。"

假如两人的关系已经敲定，到了无话不谈的地步，这样幽默一下可能有不错的效果。但是，要是双方还比较生疏，那最好不要这么说话，否则，姑娘不仅不会考虑"换手表"，反而会直接换一个男朋友。

幽他一默，"被分手"不失态

幽默心得 不管你愿不愿意承认，"被分手"已经让你在二人关系中处于下风了。这时，你千万不要忘了顾及自己的颜面，不要痛哭流涕，更不要跪在地上哀声挽留，与其那样，还不如微笑着幽他（她）一默。

失恋对人造成的创伤非常严重。生活中，有些人在失恋后做出一些极端的事情，选择轻生的人不占少数，更严重的还会拿出刀枪，以死相威胁，听来让人不寒而栗。"被分手"已成事实，你已经失去了爱情，这时请努力保全你的尊严，莫让自己输得一败涂地。

我们不能否认，失恋的确让人痛苦万分，特别在自己不想分手，而对方坚决提出分手的情况下，就更不容易释怀。这种"被分手"的失恋给人的感觉跟嘴里长了溃疡相差无几，越痛越想去舔，越舔却越感觉到痛。但是，无论如何你必须记住一点，失恋可以痛苦，可以难受，但千万不要让自己失态。我们可以失去爱情，但绝不能因此而在对方面前丢丑。

也许，被甩的瞬间让你觉得尴尬、觉得落魄，内心更是犹如万箭穿心一般，但不管怎样，都请你不要失了姿态。失意落魄不可怕，被甩、被背叛也不可怕，可怕的是你在对方面前失了尊严、失了面子，让对方暗自庆幸，觉得离

第四章 想要浪漫起来，那就给爱情加点幽默

开你是件正确的事情。所以，"被分手"时请不要难过，大大方方地幽他（她）一默，甭管是出于真心还是假意，都送上一句"祝福"，好聚好散，至少让彼此拥有一个美好的回忆。

那红的男友和那红相恋仅半年，就移情别恋，迷上了另外一个小女生。为了给那红留些颜面，他模仿辞职信的样式，给她写了封分手信，请辞"情人一职"。那红看到信非常难过，但男友是自己的属下，她不想因此失态。后来，那红写了这样一封回信：

您好：

关于您请辞的提议，经过董事会开会讨论，以下决议事项向您说明：因您当初面试时的职务为情人，标准要求自然很高。尽管试用期间你的表现不佳差点被开除，但念在你苦苦哀求且信誓旦旦地说明自己能够改进与胜任，才予以留任。如今您自愿请辞，董事会当然应允，但自动离职是没有遣散费的。假如您愿意，马上将您调转朋友部门，另施重用。

董事会成员代敬上

那红是公司女董事，而男友偏偏是其下属，如果在分手一事上有什么失态行为，日后很难在公司树立领导威严。于是，她也用回复职员辞职信的方式，给男友写了一封回信，并大方地表示可以继续做朋友，以此减轻对方的心理压力。对待分手有如此的度量，实属难得。当然，这种分手幽默不是每个女孩子都施展自如的，但直接拿来效仿也未尝不可。就算你无法表现出那红的气度，至少让对方明白你有一颗努力坚强的心。

失恋之后，人的幽默反应一般有三种。第一种，就是宽宏大度式的幽默，就像上面这位很有决断力的女董事那红，她能把"被甩"这件事等同于公司日常事务一样，大脑仍能冷静地保持正常运转，做出最合宜的反应，以寻求利益的最大化。当然，这很考验一个人的理性程度，假如你不够冷静，头脑运转又有些滞后，也可以尝试另外一种途径，以自嘲为自己解决困境。

除了宽宏大度式的幽默之外，就是略带报复意味的小幽默了，分手可以接受，但会想办法让对方知道点厉害。下面给大家举个例子：

春华的男友爱上了别人，提出要跟她分手。春华真诚地表示挽留，竟然被断然拒绝，而且男友一点儿情面都没给她留。几天后，春华找了个借口约男友出来见面，然后大大方方地递给他一本包装精美的礼物，微笑着祝他幸福，然后潇洒地转身离开。

当然，给礼物时她要求前男友在自己离开后打开，因为那礼物是一本名为《自恋狂的自我检测》的书籍。

假如你觉得自恋狂之类的有些过火，也可以买本《坚决地和第三者说"NO"》、《男人不该劈腿的N个理由》，等等。总之，书的名字最好有些讽刺意味。要是买不到称心如意的书，你也可以随便找本书，在封面贴张白纸，自己写个非常显眼且极具讽刺的书名。总之，你要让负心人在看到书名的一刹那，露出惊愕且负疚的表情。当然，这类幽默的恶作剧千万不能失了分寸，假如幽默过火变成人身攻击，可就会降低你的水准了。

相比较来说，创造后一种幽默要更容易得多，因为气场氛围比较贴近。只要你曾经认真投入到一段感情当中，"被分手"后自然会心痛到极致，脑子里很容易产生报复的想法："我就那么好欺负？我一定要给你点儿颜色瞧瞧！"如果被这种情绪所控制，创造"恶作剧式"幽默的几率必然会高一些。

假如想让自己活得快乐、活得洒脱，我们就要学会放下一些已经不属于自己的东西。在谈及"幸福的秘史"时，著名影星英格丽·褒曼就曾幽默地说："幸福就是健康加上坏记性。"你我都免不了有失恋的经历，与其沉溺其中让自己太累，倒不如学着宽容一点儿、豁达一点儿、健忘一点儿，也许下一段幸福就在拐角处。

走出失恋，幽默心态很重要

幽默心得 世事多变，并不是每一对恋人都能够携手步入婚姻的殿堂，也不是

第四章 想要浪漫起来，那就给爱情加点幽默

每一段爱情都能坚守到开花结果。用幽默的心态坦然面对失恋，让自己从失恋中尽快走出，不仅是一种气度，更是一种自我解脱。

如今，我们的周围随处可见"快餐式"的爱情的踪迹，很多年轻人都可能会遇到恋人的变心，这并不新鲜。那么，面对恋人的离去，究竟怎么样应对才算是理智呢？我们一起来看看下面这个故事，主人公对付变心女友的办法就有一定的借鉴意义。

第二次世界大战期间，很多美国士兵离乡背井，奔赴欧洲战场。就算想念家乡的恋人，也只能借书信传情。

有一天，一个美国大兵接到家乡女友的来信，欣喜地拆开展读后，小伙子脸上的笑容顿时僵住了。原来，女友在信中说："我已经爱上了别人，必须和你结束恋人关系，并请你把之前寄过来的相片寄还，以免日后徒生困扰。"

美国大兵非常恼怒，但不想因此失去尊严，他开始四处向随军护士及女性军官索取相片。最后，他将要来的十多张相片寄回给女友，并附了一张短笺："这些都是我女友的相片，我不记得哪张是你的了。请自行选出你的相片，其余寄回。"

被抛弃，总是一件让人不太容易接受的事情，"被分手"后，不少人都想通过各种方式报复一下对方。我们当然不推崇实施报复，但如果被对方欺负得太惨，适当整治一下"负心人"也是情有可原的。这个美国大兵的处理方法颇有不甘示弱、打击报复的意味。可是，他做得比较得体，因为他没有死缠烂打，也没有哀伤抱怨，而是以一种幽默的方式捍卫了自己的尊严。

假如你也有类似遭遇，不妨给对方来个无伤大雅的"报复"吧，不仅能够化解你的难堪，还可以打击一下暗自得意的对方，真可谓是一箭双雕。

热恋的时候，男女双方会互赠信物，等分手失恋后，这些信物都成了彼此的伤口。怎样处理前段恋情的信物，成为情场失意人面临的一个问题。美国大兵的女友选择将相恋时赠予的照片要回，可她是情场的得意之人，我们下面就

看看失意者是如何处理的。

跟男友分手后,乐乐把男友送的礼物拿到旧货店贱价处理。老板问:"这些都是男朋友送的定情信物吧?就这样卖掉太可惜了。"

乐乐不以为然地说:"已经分手了,卖掉这些,不仅能把它忘了,还能挣点零花钱啊。"

把信物换成零花钱,既可以看做一种幽默的调侃,又能表现出乐乐的豁达态度。只有彻彻底底地抛掉跟过去的恋情相关的事物,才能完完全全地走出失恋的阴影,重新寻找新的恋情。

俗话说"情敌见面,分外眼红",旧情人再次相遇是电影中经典的桥段。怎样面对旧爱以及旧爱身边的新欢,是一件考验智慧与勇气的事情。有些时候,幽默机智的反击是对付情敌嘲讽的最佳手段。

克里斯蒂郑重地对玛丽说:"你拒绝嫁给阿弗莱特,是犯了个大错误。如今他跟我结婚了。"

玛丽说:"这并不奇怪,当我拒绝他时,他就说由于痛苦,他可能做出一些极其愚蠢的事来。"

面对克里斯蒂挑衅意味十足的话语,玛丽幽默的回答可谓针锋相对,而且她成功了。玛丽不仅堵住了对方奚落的嘴,还凭借机智挽回了自己的尊严。如此幽默睿智的女子,怎会担心找不到如意郎君呢?

用幽默讽刺错误的恋爱观

幽默心得 在现实生活中,有的年轻男女的恋爱观存在一些问题,如过于在乎

第四章 想要浪漫起来，那就给爱情加点幽默

物质、外貌等，要想让对方认识到自己想法的偏颇，带有讽刺意味的幽默是最有效的。

时代变了，人们的恋爱观也跟着发生了变化。我们可以用讽刺意味的幽默来嘲讽那些错误的恋爱观，生活中有很多这方面的例子。比如"什么蛋最贵"，就是用来讽刺过分看重金钱的女方的。

甲："什么蛋最贵？"
乙："鸡蛋呗！"
甲："不，最贵的是脸蛋。"
乙："怎么说呢？"
甲："我已经给了我那未婚妻三万多元钱了，可她妈说，凭她女儿的脸蛋，再给三万元也不多。"

小幽默"东吃西眠"，则意在讽刺那些对待爱情朝三暮四、存有二心的人。

古时候，有一位年轻的姑娘到了适婚的年纪。刚好有两家人到她家求亲。东边的一家，公子相貌不堪，但家财殷实；西边的一家，公子长相英俊，可家中却十分贫寒。
姑娘的父亲母亲问："你到底愿意嫁给东家还是西家？"
姑娘回答："我两家都嫁。"
父母诧异地问道："你说的什么意思？"
姑娘说："我要在东家吃饭，西家睡觉。"

"漂亮女友"，是一则嘲讽那些只在意外表美，而不看重内心美的人的幽默。

一个风度翩翩的少年郎，一心只想娶个如花似玉的漂亮媳妇。一日，他又来找媒婆。媒婆给他介绍姑娘的情况："这个女人长得像水仙花……"
少年郎听了喜出望外，马上决定娶她，不待媒婆详加解释，便跑过去找

她了。可是一见面，他却发现对方是一个老太婆。盛怒之下，他回去责问媒婆："你为什么要欺骗我？"

媒婆笑嘻嘻地说："没有哇，我把她比作水仙花，是因为她的头发是白的，脸色是黄的，腿是绿的……"

还有一则叫做"不能要求过分"的幽默，是讽刺对恋人要求过高的。

一位超级剩女来到婚姻介绍所，对工作人员说：

"我感到一个人太寂寞了！……我想找一个丈夫，他必须是讨人喜欢的，有教养的，能说会道的，爱说爱笑的，爱好体育的，知识面广的……还有一条，我希望他整天都在家里陪着我，我让他讲话他要开口，我感到厌烦他就住口。"

"我懂了，小姐。"工作人员回答道，"我觉得您更需要一台电视机。"

凡此种种，不胜枚举。亲爱的朋友，从上面几个例子中你是否已经看出，幽默的力量在谈情说爱中是不可忽视的。希望你的爱情能再多一点幽默感，也祝你的恋爱早日开花结果。

第五章

开门八件事，少了幽默不成"家"

幽默是一种成人的智慧，一种穿透力，一两句就把那畸形的、讳莫如深的东西端了出来。既包含着无可奈何，更包含着健康的希冀。

——王蒙

第一节 老婆不发火,婚姻生活很轻松

几许幽默,夫妻关系不紧张

幽默心得 运用幽默的语言、行动和态度来对待婚姻生活的另一半,它会使你的家庭远离无休无止的争吵,远离沉闷压抑的冷战,远离无中生有的猜忌。给婚姻增添几许幽默,夫妻关系自然融洽和谐。

在婚姻生活中,妻子对待丈夫的态度和方式会对丈夫的生活态度、工作状态以及自信心产生直接影响。一个懂得宽容自己丈夫的女人,也必然会对丈夫倍加关爱。反之,假如妻子成天只会抱怨和唠叨,她的丈夫很难有斗志做好自己的工作和事业,也不会有强大的自信心。随着自信与自尊的渐渐消逝,丈夫对妻子的态度只会趋于冷淡,夫妻之间便会出现情感危机。要改变这种状况,就要借助幽默口才这味解药。

一位贤惠的妻子说:"做妻子的要接受丈夫的一切。要让丈夫生活愉快,拥有满足感。当丈夫回到家里时,要为他装上自信的弹药。这样丈夫就会想:'她如此支持我,可见我在她心中还是有地位的,并非一文不值。'如果做妻子的能爱丈夫,信任他,丈夫就会感到轻松,拥有足够的自信。在每天出门工作时,丈夫都会满怀战斗的激情。"一位成功的企业家说:"要是我们想提升某个人时,会先调查他的妻子。当然,我并不是调查他的太太是否长得漂亮或者

第五章 开门八件事，少了幽默不成"家"

很会做菜，而是调查他的太太是否能让他充满自信。"

人事经理对新来的职员说："这份表格你填得不错，就是有一点，你在填写与太太的关系一栏里，应该填'夫妻'而不是'紧张'。"调节夫妻紧张关系的方法很多，而幽默就是一个不错的选择。

一对男女结婚多年，从未发生过冲突。

有一天，妻子问丈夫："你为什么一直对我这么好？"

丈夫答道："跟你结婚之前，我请教过一位牧师，问他为什么会对妻子那样好，他说：'不要批评你妻子的缺点或怪她做错事。要知道，正是因为她有缺点，偶尔会做错事，才没有找到更理想的丈夫。'我牢记了这句话。"

对丈夫引用的这段话，我们可以这样理解，要想成为妻子的理想丈夫，就不要随意批评妻子，这样才能夫妻恩爱，才能证明自己是合格的丈夫。

一个酒徒经常在外面喝得大醉，这天他又很晚才回家，而且又没有带钥匙。没办法，他只好敲门。

妻子怒气冲冲地打开门，对他说："对不起，我丈夫不在家。"

"那好，我明天再过来。"酒徒说完，就转过身做出要离开的样子。见丈夫如此幽默，妻子只得化怒为笑。

通过一个小幽默，丈夫诱发了妻子内心深处对自己的怜爱和尊重。这时夫妻两人都不会再计较喝酒的事，而是去享受两人之间的甜蜜夜晚。用幽默调侃的语言，委婉、迂回地回答妻子的问题也是丈夫化解妻子怒意的秘诀。

对一些丈夫来说，直率地回答妻子的提问并不是一件容易的事，答不好就会造成双方的不快。很多情况下，使用幽默的话来作答是最妥当的办法。比如，妻子问："你猜，我跟你结婚，有几个男人会失望呢？"丈夫回答："大概只有我一个人吧？"

幽默口才的产生不仅需要适宜的场合和必要的条件，而且还需要夫妻双方有一定的容人之量，这样幽默才能得到对方回应。

两口子吵架，妻子坚持要跟丈夫离婚。在去法院的路上，他们要经过一条不太宽的河。

到了河边，丈夫迅速脱掉鞋子走进水里。妻子站在岸边，瞧着冰冷的河水发呆，不知道怎么过去。丈夫走回来对她说："我背你过去吧。"于是，丈夫把妻子背过了河。

两人没走多远，妻子对丈夫说："算了，咱们回去吧！"

丈夫不解地问："为什么？"

妻子不好意思地说："离婚回来，没有人背我过河。"

在多数家庭中，妻子都会承担大部分的家务劳动，好像这些都是妻子的分内之事。按理说，丈夫也是家庭中的成员，也是应该分担一些家务。但由于受传统观念的影响，有的丈夫在家中是拒绝做家务的，这时，聪明的妻子应该运用智慧和幽默使丈夫心甘情愿地从事家务劳动。

妻子："亲爱的，你能不能把昨天晚上换下来的衣服洗一下？"

丈夫："不能，我还没有睡醒呢！"

妻子："我只不过是想考验一下你，其实我都已经洗完了。"

丈夫："我也是在跟你开玩笑，其实我很愿意帮你洗衣服的。"

妻子："我就是跟你开玩笑呢，既然你愿意，那就请你快去劳动吧！"

这种时候，丈夫很难不佩服和欣赏妻子的幽默和情趣，自然也乐于去干不愿干的家务。当然，假如妻子已把衣服洗了，其幽默感更强，丈夫会因此受到感动，主动帮助妻子承担别的家务。如此一来，家务事带来的就不是烦恼了，而是一种快乐。

在生活中，我们经常听到有些人这样说："家不就是个吃饭、睡觉的地方吗？其实跟旅馆没什么区别！"这绝对是不正确的，因为旅店里不会有家里的幽默。

小王实在无法忍受妻子没完没了的唠叨，打算到外面旅店住几天。旅店老板热情地接待了他,并且亲自把他引到房门前面。

老板说:"先生,您住在这里会发现跟到了家一样。"

小王痛苦地说:"天哪!你赶快给我换间房吧!"

这则幽默告诉我们,家要是没有幽默,连一家旅店都不如。

幽默是家庭生活中的润滑剂,能使家庭永远沐浴在春风细雨之中,使夫妻之间的关系远离紧张冲突,永远和谐美好。充满活力、拥有幽默口才并善加运用的人,其婚姻生活必将是丰富多彩的。

"妻管严"的快乐,大丈夫能屈能伸

幽默心得 "男人征服世界,女人征服男人",就连横扫欧洲的拿破仑,最终还是免不了拜倒在女人的石榴裙下。俗话说"好男不跟女斗",大丈夫就应该能屈能伸,懂得用幽默给家庭带来快乐。

自从《喜羊羊与灰太狼》一片在全国热播后,"嫁人就嫁灰太狼"的说法开始在社会上流行。在观众心中,灰太狼是个典型的"妻管严",更是个一百分的好男人。其实,怕老婆是丈夫疼爱妻子的表现。在怕老婆的家庭里,不仅有让人羡慕的好丈夫,而且还有令人捧腹大笑的幽默瞬间。明末清初的民族英雄戚继光在这方面就给我们作出了榜样。

戚继光的"怕老婆"在他的军队中是非常有名的。一天,他的下属鼓动他说:"大将军,在沙场杀敌之时,您威风凛凛,震破敌胆,怎么会被一个妇人吓倒呢?今日我们为您助威,您手执宝剑去吓她一吓!"

听下属这么一说,戚继光觉得不能在下属面前丢人,于是持剑奔向后院。跨过第一道门时,他还喊声如雷;但进入第二道门时,声音已经渐小;

等冲进夫人的房间时，已然声细如蚊。

夫人看到他冲了进来，训斥道："喊什么呀，吵得很！"戚将军马上答道："我之所以高喊，是准备给夫人杀只鸡吃！"夫人听后，说："以后杀鸡不要大声嚷嚷。"

戚继光将军可谓胆识过人、文韬武略，他组建领导的"戚家军"令倭寇望风而逃，但他夫人的一句斥责就让他如此战战兢兢。体会这种幽默，需要理解与智慧，切不可简单地将戚继光的"惧内"归结为胆小，其实这恰恰体现了一个丈夫对妻子的发自内心的爱，一个男人对家庭的浓浓依恋之情。中国上下五千年的古老文明，造就了炎黄子孙重感情、重家庭的特点，也因此让"惧内"的幽默故事上涉帝王将相，下及黎民百姓，真是"'惧内'面前，不分等级"。

一位工程师十分"惧内"，绝对称得上模范丈夫。一天，几个朋友相约去他家一探究竟。

大家刚进屋，就听见妻子对他数落不停，就像正在扫射的机关枪。这时，他自我解嘲地对朋友们说："听习惯了，跟听音乐差不多。"经他这么一幽默，朋友们和他的妻子都笑了起来。

在闲聊的时候，妻子突然盯着丈夫的脑袋，疑惑地问："听说男人秃顶是因为用脑过度，是真的吗？"谁知丈夫诙谐地说："是的！你知道女人为什么不长胡子吗？"妻子不解地摇摇头，丈夫故作正经地说："那是因为一张嘴喋喋不休，下颚超负荷运动！"一句话逗得妻子笑着去追打丈夫。

一笑之余，朋友们清晰地看到了丈夫对妻子浓浓的爱意，也看到了机智的丈夫对妻子做出的诙谐幽默的反击。

尽管这位丈夫有怕老婆之名，但能在细节处体恤妻子、包容妻子，此种气度彰显了大丈夫本色，不愧为丈夫中的楷模。

对这个家庭来说，正是因为有了一位这样的好男人，才有了婚姻生活的幸福与快乐。

第五章 开门八件事，少了幽默不成"家"

幽默是醋意的中和剂

幽默心得 "醋意"是爱情的开胃菜，有助于增进感情。而要调节好醋意的多少，则离不开幽默这味中和剂。

爱情是自私的，最显著的表现就是"吃醋"。当然，"吃醋"不见得是一件坏事，有时老婆打翻了醋坛子，即兴向老公展示自己的忌妒，也能给婚姻生活增添不少色彩。

在打扫书房的时候，妻子从丈夫的抽屉里竟然发现一大沓前女友的相片，妻子立刻就吃起醋来，怒气冲冲地把丈夫喊过来质问。

丈夫自知理亏，但扔掉确实不忍，留下妻子又不同意，于是灵机一动，在每张相片的背面写上一句："再美美不过我的好妻子。"

妻子见此高兴地眉开眼笑，两人和好如初。

一对新婚夫妻相约去参观新潮美术展览。当他们经过一幅仅以几片树叶遮掩着私处的裸女像油画前时，男人停留了很长时间，一副不想离开的样子。

女人忍无可忍，用力揪住丈夫的衣领，对他吼道："喂！你打算站到秋天吗？"

这位女士对油画上的女人都要吃醋，幽默神经可是够发达的。幽默吃醋法能增进夫妻感情，但是使用时一定要把握分寸，假如醋意大到敏感的地步，以至于对夫妻之间的情感产生不好的影响，就会失去其原本的作用。

一个男人刚刚荣升某大企业的总经理，周末他和妻子开车去野外兜风，

放松心情。

半路上,他们到一个加油站加油。男人说自己开车累了,想休息一会儿,就叫妻子下去加油而自己待在车里。总经理没想到的是,妻子和加油站的老板有说有笑,开心得很,而且临走时还彼此握了一下手,这使他心生醋意。

等妻子回到车上,男人不高兴地说:"刚才你和那个站长真是有说有笑啊!"妻子回答说:"噢,他跟我是高中同学,还有过一段感情!"

"你呀,要是当初嫁给他,现在就只是加油站站长的妻子,哪有机会做总经理的妻子呢!"男人有点吃醋地说。"你要搞清楚,假如我当初选择了他,现在当总经理的就不是你了,应该是他!"妻子非常认真地予以纠正。

对于爱吃醋的另一半,我们可以借用幽默避其锋芒,转弯抹角地将对方的醋意稍微弹压一下,这样既不伤及对方的自尊,也可以消解对方的妒意。

一个男人喜欢盯着漂亮女人,妻子责备他说:"你这个人太不正经了,每次看见漂亮的姑娘,简直忘记了自己已经结过婚了!"

丈夫回答说:"你完全说错了,恰好相反,我每次看见漂亮姑娘,心里最耿耿于怀的就是自己已经结了婚。"

一对新婚夫妇在街上闲逛,迎面走过来一位穿着时尚的漂亮女郎,丈夫忍不住多看了几眼,妻子脸上立刻阴云密布:"那么色迷迷地盯着人家干什么?"

丈夫回答说:"亲爱的,你误会了,我不是在看人,我是研究人家穿的衣服,我打算照那款式给你买一身呀。"妻子尽管半信半疑,但脸上已有了笑意。

给妻子的购买欲打个折

幽默心得 面对妻子没有边际的购买欲,丈夫的对付手段也应该无边无际。幽

第五章 开门八件事，少了幽默不成"家"

默作为其中一种轻松而有效的方式，对聪明的丈夫来说，不失为一种最好的应付方式。

女人充满购买欲，好像是天经地义的事。但是在一个家庭中，假如女人的购买欲望过于强盛，则无异于一个无底的黑洞，这多少会让丈夫们感到尴尬羞愧，但这难不倒那些拥有幽默感的丈夫。

一位喜欢打扮的女士对丈夫说："昨晚我梦见你答应给我500块钱买大衣了。你可以成全我的美梦吗？"

丈夫说："没问题。说来也巧，我昨晚也做了一个同样的梦，我记得已经把钱给你了。"

妻子要买大衣这件事，显然是早就有想法的，但是又不好直接开口，于是就假借做梦来跟丈夫提出。这位聪明的丈夫用幽默的方式委婉地拒绝了妻子的要求，让妻子的美梦破灭。类似的情况还有很多，夏雪的老公也是一位擅长用幽默来对付妻子购买欲的人。

夏雪跟老公结婚五六年了，她属于时尚的新新人类。一天，她想买一顶帽子，便对丈夫说："亲爱的，小刘的爱人买了顶新款帽子，真漂亮！"

丈夫回答："是吗？假如她像你这样漂亮，就不需要经常买帽子了。"

夏雪的丈夫没有直接拒绝妻子的要求，而是从另一个方面去满足了妻子的心理需求。这种巧妙的借鸡生蛋的方式，不仅避免了妻子一味地纠缠，而且还满足了妻子的虚荣心，让她同样感到快乐。

有些时候，对于妻子的购买欲，我们还可以用另外一种幽默的方式来处理。下面我们就来看看这位丈夫的故事：

妻子非常好胜，邻居小张家有什么她就一定要有什么。

一天，她问丈夫："你知道小张家最近又购买了什么？"

丈夫回答道："买了一套新家具。"

妻子满不在乎地说："我们也要添套新的！"

丈夫又说："他家还添了一台最新款的液晶平板彩电呢！"

妻子兴奋地说："小意思，咱们家也买一台！还添了别的吗？"

丈夫面露尴尬，说："小张家最近……我不想说了。"

妻子有些不高兴，问道："为什么？怕比不过他吗？"

丈夫难为情地说："他另外找了位非常漂亮的妻子。"

妻子这时候无言以对了。

妻子最后为何无言以对了呢？其实，这是丈夫有目的的引导，暗示妻子一连串的追求不切实际。相比直接反驳妻子的观点，这种步步深入的归谬法，能够逐步诱导其认识到自己观点的不正确，既缓和了气氛，又避免了尴尬。这就使妻子不平衡的心理得到有效疏导。不难看出，要对付妻子的购买欲，丈夫必须要有足够多的幽默才可以。

遭遇唠叨妻子，炫出你的幽默感

幽默心得 想让妻子不再唠叨，告诉她"我讨厌你"是没有用的，培养对方的幽默感才是王道。面对唠叨的另一半，只有通过提高对方的素质和幽默感来实现有效的沟通，才能为家庭的幸福做好铺垫。

仔细观察你身边已为人妻的女人，你就会发现，一些品位不高雅、爱唠叨的妻子往往是缺乏幽默感的妻子。她们说话有口无心，经常沉醉于自我宣泄之中，全然不顾自己说了些什么，说得是否合适，是否正确，从不理会别人有什么反应，等等。

要改变她们这种唠叨的毛病，除了增加她们的文化修养外，最便捷而有效

第五章 开门八件事，少了幽默不成"家"

的方法是给她们灌输一些幽默感和幽默技巧，帮助她们形成说话的幽默性。怎样给唠叨的妻子灌输幽默感呢？关键是丈夫自己要先学会并积极使用幽默，然后用幽默的家庭氛围给妻子以感化和熏陶。

赵先生正好有一个爱唠叨的妻子。一天，赵先生下班后帮助朋友办了件事，晚回家一个小时。

刚一进门，他就撞上了老婆没完没了地唠叨："这年头男人都不愿意回家，多少家庭就这样被搞得妻离子散。老公你可不能对我昧了良心，我可是死心塌地地跟你，真心爱你的。我每天煎炒烹炸为了啥，还不是为了讨你欢心吗……"

满脸疲惫的赵先生听得心烦意乱，但他没有正面解释，而是诡秘一笑，说："你还真给说对了，还真有这么一个人拉我上他家一趟。"妻子一听就傻了，忙走过来气势汹汹地问："是谁？今天你要说不清楚，咱就找个地方去说理。"赵先生哈哈大笑："就是那个小孙，他让我帮他搬家具。亲爱的，你让我感到自豪啊！你看你，都快成联合国秘书长了，为那么多大事操心。"

听赵先生如此说，妻子不好意思的笑了，赶紧躲进厨房里面去了。

赵先生的幽默肯定会刺激妻子的神经，并引起她的警醒和对自身的反思。培养唠叨妻子的幽默感，是一个循序渐进的过程。作为丈夫，可以买一些幽默的书报杂志放在家里，让妻子随时翻阅，让妻子明白使用这些幽默能产生什么样的表达效果，而自己又应该怎样说话；可以陪妻子多多欣赏幽默小品，分析别人的行为幽默在什么地方，又好在什么地方；日常交谈要尽可能幽默一些，多想办法引导妻子学会幽默地唠叨。

家庭的温情主要是通过语言的交流获得的，可很多时候，妻子在家里守候着公婆儿女，等来的却是丈夫的沉默以对。他严肃古板的神情、郁郁寡欢的神态，让妻子没办法不唠叨几句。

丈夫不愿说话的原因有很多，假如不是性格孤僻，那么很可能就是遭遇了什么不顺心的事，如工作压力大，或是妻子的某些言行伤了他的自尊。这些不

同的原因对于跟丈夫朝夕相处的妻子来说，应该是很容易识别的。

一个男人欠了对面街上一位小气鬼的钱，对方要求第二天必须归还，所以他一整天都闷闷不乐，晚上更是翻来覆去睡不着。

他妻子问明缘由后，下床来到窗前，冲着对面小气鬼的房子喊："对面屋里的人听着，我老公决定明天不还你的钱了。"然后，她转过头来对老公说："现在好了，你安心睡吧，该轮到对面那位无法入睡了。"

这则幽默体现了妻子帮丈夫排忧解难的聪慧和她对丈夫的关爱。家庭生活中，当丈夫遇到烦心事，心情沉重的时候，如果想让丈夫开口说话，就不能靠挖苦抱怨、恶言相激迫其开口，而应该靠幽默相诱、温情劝导打开他的话匣子，让他主动走出自我封闭的状态。有这样一则幽默故事：

小丽和丈夫小吴两个人都是老师，但他们在不同的学校工作，彼此的学校相隔数十里，一周才能见一次面。

某个周末，小丽高兴地迎接丈夫进屋之后，却发现他眉头紧锁，苦着一张脸。小丽虽然心里感到诧异，但仍旧笑容可掬，她温柔地帮丈夫倒了一杯水，递到丈夫手上，说："本周我有一件喜事要跟你分享，你先猜一猜是什么喜事？"丈夫闷闷不乐地回答道："你尽是喜事，我可没心思跟你同喜，我的世界全部都是伤心事。我给学生订购了一份复习资料，他们诬陷我捞回扣，非法牟利，我如今都成了领导们反腐倡廉的靶子。"

小丽非常清楚事情的严重性，但她还是沉着地劝慰丈夫："老公，你不要有太大压力，事实终归是事实，法律也是讲究证据的。咱们先高高兴兴地度过这个周末，等周一咱精精神神、轻轻松松地跟他们评理去。"

小丽不愧是一个贤惠的女人，当丈夫遇到不开心的事情时，她故意说自己有喜事要告诉他，进而借此引出丈夫的心里话。当丈夫将自己所遇到的麻烦和盘托出后，她又好言安慰，帮丈夫减轻心理负担。幽默相诱的方法，本身就不可能回避妻子与丈夫之间的温情和爱。

幽默给力，夫妻生活倍儿新鲜

幽默心得 请运用你的幽默感，充分调动你的创造力和想象力，婚姻生活中的"柴米油盐"都可以成为我们的幽默素材。只要你去做了，你就可以为你的另一半带来快乐，为你的家庭增添新鲜感。

一个男人和一个女人，从相识相爱到共同步入婚姻殿堂，从互不相识到结婚生子的这一阶段，通常是两个人一生中最为甜蜜和充满激情的时期。一对恋人步入婚姻之后，由于成长环境和生活背景的差异，由于社会流行的个性化思维方式，由于锅碗瓢盆、柴米油盐等家庭琐事，往往会使婚后生活越来越平淡乏味，跟恋爱时的浪漫激情有一个巨大的反差。

其实，那些不过是表面的现象，其内在的根本原因在于夫妻双方的心态都发生了变化。由于彼此之间过于熟悉而使得生活失去了新鲜的味道。假如夫妻双方能改变心态，用心观察生活，那么生活中柴米油盐之事皆可成为幽默的素材，给婚姻生活增添数不完的新鲜感。

家庭生活不可能离开厨房，而厨房里的不少事物都可以引发幽默。下面就是几个跟厨房有关的幽默故事。

丈夫问妻子：结婚纪念日咱们去哪儿呢？
妻子回答：去我没去过的地方怎么样？
丈夫说：那就去一次厨房吧。

还有一个外国幽默故事，丈夫想杀鸡吃，可是不好意思直接说，他委婉地对妻子说："亲爱的，院子里的小母鸡有些忧愁，是不是因为没有机会上餐桌呢？"

家庭生活中，有些不经常发生的特殊事情也能引发幽默。

有一天，妻子指着自己怀孕数月的肚子，问了丈夫一个很难回答的问题："能不能在宝宝一出生就看出，孩子长大后会成为什么样子？"

丈夫思考了一会儿，答道："这很简单。假如是个小女孩，长大肯定是个漂亮小姐；假如是个小男孩，长大就是一个帅哥。"

这里丈夫巧妙地将妻子问的问题转移到男女性别上来，将伤脑筋的问题转化为一个能轻松回答的问题，既即回答了妻子的问题，又逗得爱人莞尔一笑。

在日常生活里，男人大多喜欢看体育节目，可女人不喜欢，如何让妻子陪自己看足球呢？下面我们就看看这位先生怎样利用足球来制造幽默的。

有一对年轻的夫妇，丈夫爱看球赛，妻子喜欢电视连续剧，可是家里只有一台电视，所以要达成共识并不容易，多数情况都是丈夫主动做出让步。

不过，这位丈夫还挺有心智，平常一有机会，他就向妻子宣传体育知识，聊聊球赛趣闻。久而久之，妻子的兴趣也就被他调动起来了，偶尔也跟他一起观看体育比赛，那真是夫唱妇随了。

又到了四年一届的世界杯足球赛，妻子整个人都被精彩的比赛吸引了，这时，丈夫才煞有介事地对妻子说："看你现在的高兴劲儿，我想起了一句老话。"

"什么话？"

"知足常乐！"

"为什么会想起这句话呢？"

"知足常乐嘛，就是知道足球以后，就会常常乐了呗！"

丈夫的调侃多么富有情趣啊，这样的生活才称得上琴瑟和谐，才是永葆新鲜的相处之道。当然，夫妻间的幽默随处可拾，生活中的很多事物都可以为两人增添情致。

总之，千万不要因生活中的琐事而烦恼，也不要抱怨婚姻生活充满了"柴米油盐"之类的事情，并因此而不再浪漫鲜活。生活处处都是幽默，关键是你有一双怎样的眼睛。

第二节 老少通吃，幽默可以跨越年龄

亲子沟通，幽默很关键

幽默心·得 幽默是父母跟孩子之间非常有效的沟通方式。在这个世界上，人们会拒绝痛苦、拒绝忧伤，但绝不会有人拒绝笑声。幽默沟通并非专属于大人的特权，父母跟孩子之间的沟通交流也应该妙趣横生。

孩子是爱情的结晶，是家庭中最具活力的成员，孩子有纯真的心灵，孩子本身就能给父母带来无尽的欢乐。和孩子的沟通中要注意培养孩子的幽默感，使孩子养成乐观开朗的性格和与人为善的品质。

一天晚饭后，儿子便摆开阵势和老爸下起了象棋。对弈之始，性子比较急的儿子只顾安排前面的小卒冲锋陷阵，根本没有顾及后面的具有强大威力的长线棋。

假如那些杀伤力极强的棋子被小卒远远抛离的话，前后的兵力就没有办法及时接应，整个局面很快就会陷入孤立无援的境地，孩子想不输都有难度。在一旁观战的妈妈尽管着急，但却不方便直接提醒，她轻描淡写地对孩子说："怎么了？你准备让这些大人棋子看家吗？"

儿子恍然大悟，一拍脑袋，马上用幽默来回复妈妈："是哦！家里的小孩

子都出去玩了，家里没大人照顾有些危险呢！好！我就让'舅舅'（儿子的舅舅属马）出去保护这些顽皮的小孩子喽！"边说边走了一步后方的马。

对家庭生活来说，幽默是一种快乐的味道，是一种调节心情的调味品。有了幽默，平淡的生活也会变得丰富而多彩。如果想成为称职的家长，就要了解自己的孩子，不要轻视孩子作出的那些能令你开怀大笑的"傻事"，鼓励孩子的幽默，对他们的幽默感给予及时的称赞。

妈妈对儿子说："你不是昨天才答应不瞎闹吗？我跟你说好的，瞎闹的话就打屁股。"

"是啊！"儿子表示同意，"我没有遵守自己的诺言，所以，假如你也不遵守自己的诺言，我也不会批评你的。"

有一位父亲把当年的结婚相册拿给小女儿看。小女儿看着照片，先是非常不解，继而突然眼睛一亮。她对爸爸说："我明白了！就是这个时候你把妈妈带到家里来，让她帮我们做家务的。"

在父亲回忆起新婚的美好时，小女儿以幽默的言语跟父亲一起开心。对一个孩子来说，从认为父母无所不知、无所不能，到他们懂得用幽默的方式跟父母交流，这是一个可喜的变化，说明他们已经成长了。

错过妻子生日的丈夫小心翼翼地溜进孩子的房间，晃了晃手里的糖果，对孩子说："宝贝儿，告诉爸爸，晚上妈妈过生日时都说我什么啦？"

"你要我把不好的字眼都省略吗？"

"是的。"

"好，妈妈没有说任何话。"

爸爸苦笑着抱了抱自己可爱的孩子。

此时，幽默的语言就成了父母和子女之间所共有的美妙回忆。

中国传统的家庭教育是反对幽默的，它奉行严肃多于宽容，从一些俗语便可窥知一二，如"三天不挨打，上房揭瓦"、"棍棒底下出孝子"。由于深受这种教育思想的影响，中国父母跟孩子的关系往往是对立的，而这对孩子全方位地、健康地成长毫无益处。假如父母不想引起孩子的逆反情绪，想让子女健康快乐地成长，那父母应该培养自己平等的观念和态度，多运用幽默的方式跟孩子进行沟通交流。

6岁的丁丁已经痴迷于枪战的电脑游戏几个月了，天天都冲冲杀杀的，他爸爸对此非常担心。

一天，丁丁又在商店里看中了一支新式玩具步枪，缠着爸爸要买，而家中的武器玩具早就堆成小山了。爸爸对丁丁说："儿子，你的军费开支也太大了，如今是和平时期，咱们裁减点军费怎么样？"丁丁"扑哧"一声笑了，从那以后，他很少要求父亲买武器玩具了。

从表面上看，幽默仅仅是一种教育手段，可实际上，它所传递的是一种乐观精神，一种坚信"明天会更好"的信念。风趣幽默的沟通能够激发出孩子活泼的天性，并且会在他们的心灵中留下不灭的印迹，使他们在愉快中学习、成长。

跟儿女幽默，爱就告诉他们

幽默心得 为了在子女面前树立威严的形象，有些做父母的平日总是一副不苟言笑的样子，而且也不好意思向他们表达自己的爱意了。其实，父母有很多方式可以告诉子女你爱他们，比如幽默。

对于做父母的我们而言，当发现孩子担心我们使他受窘，远远超过我们担心他使我们受窘时，我们就知道他已经长大了！看着孩子从小时候视我们为无所不知、无所不能，到长大后以幽默力量来对待我们，这是一件可喜可贺的事

情！这就意味着，我们也可以用幽默的方式来跟他们沟通了。

现代家庭中，年轻的夫妻通常把孩子交给爷爷奶奶、外公外婆来带。这种时候，当了奶奶的也许觉得对儿女有必要使用讽刺幽默的方式进行沟通。

一位奶奶有四个孙儿女，儿子和儿媳经常把孙儿女送来交给她照管。
她这样对儿子和儿媳说："孙儿们来，能带给我两种不同的快乐！"儿媳问："怎么说呢？""他们来了，我很快乐；他们走了，我同样也快乐。"

上面这位奶奶用幽默的方式委婉地表达了她对儿子和儿媳自己不照看孩子，而总是把孩子送来让她照管的不满。家庭成员的角色中，岳母常常被定义为某一种刻板类型，她们自己对此也很清楚。

有一位岳母，她的女儿刚结婚不久，并且是嫁到了较远的地方。这位岳母的一个朋友问她："你不打算去看看女儿和新女婿吗？"
"不啊，因为我想等到他们生了小孩以后再去。"她幽默地答道，"因为，我觉得祖母要比岳母更受欢迎一些。"

这位岳母运用自己的幽默，巧妙地表达出了自己的想法。要营造两代人之间和谐融洽的关系，首先需要加强彼此之间情感的交流。

1853年，法国戏剧家小仲马的话剧《茶花女》首次公演，并且受到热烈欢迎。小仲马给当时流亡在布鲁塞尔的父亲大仲马打电报汇报盛况，他这样写道："巨大、巨大的成功！就像我看到你的最好作品初次上演时所获得的成功一样……"
大仲马风趣地回了一封电报："我最好的作品就是你，我亲爱的孩子！"

大仲马无疑是个懂得用幽默为自己服务的人，他直截了当地对小仲马传达自己的感受，一下子就拉近了父子之间的距离，进一步加深了父子感情。长辈对晚辈不仅可以运用这种平和的幽默方式，而且还可以运用一种"打是亲、骂是爱"的幽默方式，这种幽默方式在日常生活中是非常普遍的。下面是一个国外的幽默故事：

美国企业家艾科卡在里海大学就读时，曾在800多个毕业生中位居第11名，毕业后又被送去进修硕士学位，然后如愿以偿地进入了福特公司。

他父亲很高兴，见到儿子时说："你在学校读了17年书。瞧，念书考不上第一名的笨蛋，现在情况怎样？"

在笑骂中，我们不难发现父亲对儿子现有的表现和成就的满意与自豪，以及对儿子的未来充满信心。父母对子女只要有一种平等的观念和态度，就会找到很多运用幽默的机会。父母尽管对孩子拥有监护权，孩子有错时要予以管教，但是关键还是在于让孩子明白事理，简单地打骂和训斥往往会起到反作用。

一家人正在吃饭，儿子十分感慨地说："外国人就是比中国人更文明，单单在使用餐具上就可以体现出来。外国人用的都是金属刀叉，而我们却用两根竹筷子，明显不够分量。"

父亲听到这话有些生气，但是没有发作。他说："这个问题好解决。"然后，父亲拿起夹炭用的火钳一把塞给儿子，说："给，用这个吃，这也是金属的，绝对够分量！"

这位父亲没有直接指责儿子崇洋媚外，而是巧用幽默进行曲意的批评，这样儿子自然更容易接受。

教育孩子，幽默更有效

幽默心得 常言道："良药苦口利于病。"但是，并不是所有良药都苦口，比如

运用幽默方式教育孩子，就是一剂不苦口反而开心爽口的良药。

父母教育孩子也需要一定的技巧，假如一味地给孩子灌输大人们自己的思想，不仅不能教育好自己的孩子，而且还有可能事与愿违，起到相反的作用。在教育孩子的过程中，多用一些小幽默，这样既对孩子的智力发育有帮助，又可以在无形中刺激孩子的思维和语言能力；既可以达到教育孩子的目的，又能使孩子感受到父母的爱。在这方面，苏联著名诗人米哈伊尔·斯威特洛夫堪称一位运用幽默方式教育孩子的高手。

米哈伊尔的小儿子舒拉很调皮。一次，为了吸引家人对他的关注，他居然一口气喝了半瓶墨水。这时家里人都急坏了，墨水进了肚子，那可怎么办？米哈伊尔的母亲赶忙给医院打求救电话。

这时，米哈伊尔从外面回来了，当看到这种状况时，他并没有慌张，而是平静地问儿子："你真的喝了墨水？"舒拉一脸得意地把带墨水的舌头伸出来，还做了个鬼脸。米哈伊尔转身去屋里拿出一叠吸墨纸来，对儿子说："这是吸墨纸，不让墨水留在肚子里，你把它们嚼碎了吃下去吧。"一下子，舒拉就成了霜打的茄子——蔫了，再也得意不起来了。

于是，一场虚惊就这样在家人的嬉笑声中结束了。从那以后，舒拉再也没有做过这类强出风头的傻事了。

米哈伊尔心里很清楚，墨水不至于让舒拉中毒，所以他就正好通过这次机会好好地教育一下儿子。米哈伊尔的幽默教育不仅让儿子认识到了自己的错误，而且还让他长了记性，从此再也不敢做类似的傻事了，实在高明。

遇到像舒拉这样调皮的孩子，家长们总是倍感头疼，而且经常对家里的调皮鬼无可奈何。在这种情况下，假如我们能利用合适的时机逗他一下，可能会在教育上收到事半功倍的效果。牛牛就是这样学乖的。

牛牛今年刚上幼儿园中班。这一天，妈妈送他到教室门口时，牛牛使劲抓住门框，不管怎样就是不肯进去。这时，他的班主任胡老师走过来，笑着对他说:"我就知道牛牛最喜欢咱们这教室门框了!摸久了门框会害羞呢,快进来吧。"

听了老师的这一句话,牛牛高兴了,笑嘻嘻地走到了自己的座位上。

胡老师的幽默话语不仅把想撒娇而又未能撒娇的牛牛给逗乐了,而且还让他乖乖地走进教室去学习。胡老师这种幽默的教育方式是值得我们每个家长学习的。

父母对孩子既不能过于溺爱,又不可以过于强硬。在教育孩子的过程中,家长应多使用一些幽默的方式,因为这样不仅可以让孩子在愉快中学到东西,而且还能让孩子养成活泼开朗的性格,给家庭生活增添更多的乐趣。

关爱父母,借幽默来传达

幽默心得 父母像参天大树,为儿女奉献了一切;父母像无边的海,包容了儿女的所有。然而,父母有的时候又像孩子,需要儿女的关爱,此时,幽默最能传达儿女的关爱。

在赡养父母的时候,大部分人都只想着让老人衣食无忧,却将老人在精神上的需求给忽略了。其实,老人更多的是渴望精神层面的满足,他们对物质方面的要求反而不高。他们需要的是欢乐,是跟家人在一起。一位李爷爷在七十大寿的宴会上,就用一番话表达了这个意思,而他的女儿,也用幽默的话语传达了自己对父亲的关爱,让父亲欣慰不已。

李爷爷今年70岁大寿,儿女们都从各地赶回来为父亲祝寿。当时,前来祝寿的还有很多亲朋好友,真是贺客盈门。在吃饭之前,大家纷纷提议"寿星"讲几句话。

李爷爷想了想,说道:"当年轻力壮的时候,爸爸就像一个篮球,孩子们

你争我夺，汲取成长所需的能量。当步入中年的时候，爸爸就像一个排球，已经没什么利用价值，孩子们就你推我搡。当年老体弱的时候，爸爸就像一个足球，孩子们都你一脚、我一腿，唯恐踢不出去。"

席间的来宾贺客们，听到李爷爷这番幽默风趣的比喻，都哈哈大笑，纷纷鼓掌称妙！

此时，李爷爷的女儿大声说："爸爸，您不是篮球，也不是排球，更不是什么足球，而是橄榄球。为了将您紧紧抱住不放，我们就算摔得腰酸背痛、全身是泥，也心甘情愿！"

女儿的话一说完，全场又是一阵笑声、掌声，而李爷爷也安慰地笑了。

李爷爷用一组形象的比喻，幽默地批评了儿女们对自己的忽视；而他的女儿也借同样的比喻，幽默地向父亲表明子女们永远不会忽视父亲，一直都深爱着父亲。这样的话语怎么可能不博得老人的欢心呢？

家庭生活是孕育和培植幽默的广阔沃土，而幽默也使家庭生活充满更多的笑声。在劝说老人方面，幽默同样具有事半功倍的效果。

有位钱奶奶，很迷信，口中每天都念："阿弥陀佛！"儿子听得非常不耐烦，可劝了多次都没有用。

一天，钱奶奶又在念佛，儿子故意叫了声："妈！"钱奶奶随口应答了一声。然后，儿子又叫了一声，钱奶奶又答应了一声。儿子就这样接二连三地一直叫"妈"，钱奶奶终于受不了了，来到儿子跟前，气愤地责问道："你翻来覆去地叫我，究竟有什么事？"

儿子满脸堆笑说："妈，我才叫了你十来声，你就这样不高兴了，那个佛每天都被您呼唤千万次，难道它就不会厌烦吗？"

通过一个小幽默，儿子不仅阻止了母亲无休止地念佛，而且还不会让老人不高兴。在日常生活中，我们就需要用这种方式去化解跟老人之间的矛盾，让他们有一个愉快舒适的晚年生活。

看过《红楼梦》的人，都对王熙凤印象深刻，她在贾府众多的媳妇中尤为出众，深受贾府中至高无上的贾母的器重，被委以重任。王熙凤之所以受到长辈喜爱，就是因为她巧舌如簧、言语诙谐，给贾母带来很多快乐。在讨长辈欢心方面，王熙凤确实是我们的榜样，假如我们能学几招她的本领，做一个善用幽默、妙语连珠的晚辈，定能让老人的生活充满欢乐。

礼敬长辈，幽默提意见

幽默心得 长辈跟晚辈出生的时代不同，在年龄阅历、知识结构等方面都会有一些差异，对事物的看法也会有不一致的地方。如果发现长辈的思想跟不上时代，晚辈也不应急着反驳，而应运用幽默的方式表达自己的意见。

大部分家庭可能由两辈人组成，核心家庭成员可能只有两位同辈人，也就是夫妻。然而成员较多的家庭则可能由三辈人或三辈以上的成员组成。这个时候，同辈之间或者长辈对晚辈运用幽默的情况更多一些，而晚辈对长辈很少使用幽默。实际上，晚辈也可以通过适当的方式跟长辈幽默。

有一位画家，总希望儿子继承他的事业。他希望儿子学习画画，可是儿子却另有志向。时间长了，父子间不免有些磕碰。一直到儿子16岁，父亲仍然固执地强迫儿子学习画画，儿子苦不堪言。突然有一天，儿子拿着一张白纸交给父亲，说已经画好了。父亲纳闷地问："你的画呢？"

"爸，在这张纸里，你可以看到一匹正在吃草的马。"

"草在哪里啊？"

"让马吃光了。"

"那马呢？"

"草吃光后，它就离开了。"

画家笑了，从此就不再让儿子画画。

鲁迅曾说过："不在沉默中爆发，就在沉默中灭亡。"试想，假如这位儿子把对父亲的不满强忍在心里，时间久了，必然会积累成怨恨，父子关系肯定破裂；而假如儿子采取过于激烈的反抗，同样会造成父子不合。因此，晚辈对长辈的适度幽默有助于双方的沟通和互相理解。咱们一起看看下面的故事：

一天，妈妈让儿子去叫他的女朋友过来吃晚饭，可是儿子看到菜少，就不肯去。后来，妈妈从冰箱里拿出刚从超市买来的"德州扒鸡"，儿子立刻就要骑车去叫女朋友，他妈妈问："为什么主意变得这么快？"儿子说："妈，这叫随'鸡'应变嘛！"

上面这则小幽默故事，体现出母子之间的心意相通。家庭成员多有血缘关系，而这种血缘关系恰恰是血缘爱的存在基础，家庭幽默也总是源于这种血缘爱。下面是一段祖孙之间的对话：

孙子很爱吃奶奶做的饺子，但对她蒸的米饭很失望。他幽默地对奶奶说："奶奶，您做的饺子馅多，好吃，一看到它我就要流口水。"他的奶奶听了以后非常高兴地说："那是啊，你奶奶做饺子可是有几十年的工夫了。"

孙子接着说："奶奶，您蒸的米饭更好，给它起个好听的名字，就叫'三层饭'吧。"老人不明白什么是"三层饭"，孙子笑着说："上面一层烂，中间一层生，底下一层焦，这不正好是'三层'吗？"奶奶笑着打了一下孙子的手心："你这张小嘴，还笑话我呢，咱们北方人本来就不太会蒸米饭啊。"

这段对话，既传递了浓郁的生活气息，又增进了祖孙之间的感情。当然，长辈与晚辈由于出生年代不同，在年龄大小、知识结构上也存在差异，对事物的看法肯定有不一致的地方。有的时候，长辈的思想也许真的跟不上时代，所以，晚辈一定不能觉得长辈迂腐可笑、啰里啰唆、思想僵化。如果小辈不理解长辈的想法，或者不同意长辈的看法，不妨多运用幽默的方式表达自己的意见。但无论如何，要想处理好和长辈的关系，必须要先有一颗尊敬长辈的心。

第五章 开门八件事，少了幽默不成"家"

第三节 远离抑郁，心态幽默很关键

自我放松，幽默解压

幽默心得 进入21世纪，竞争日趋激烈，我们是被各种压力击溃，还是将各种压力一一化解，全由我们自己决定。其实，化解压力的方法很简单，只要一个小幽默，一脸阳光的微笑即可。

身在职场，我们面对的是年复一年、日复一日的繁忙工作，是公司在工作能力方面越来越高的要求，于是我们时常感到压力难以负重。然而，多数人对于这种工作压力并没有给予足够的重视，总认为工作中有压力是自然的事，不需要对压力进行适当的排解。长此以往，不仅影响了工作，而且也失去了健康的身体。实际上，想要缓解职场压力非常容易，只要一份巧思，一份对于幽默的用心就足够了。

最近多半年的时间，由于受经济危机的影响，大飞的公司一直没有给员工发奖金。

中午休息的时候，大飞在办公室里感慨："现在日子不好过啊，压力大啊，真是恨不得把一块钱掰成两半花。"

同事刚子听了，一本正经地对大飞说："哥们儿，别费那劲了，我试过，

根本掰不动。"

刚子一句话让整个部门的同事哈哈大笑。

借助轻松的一句幽默，刚子就让气氛有些压抑的办公室变得轻松起来。相反，假如刚子也跟着大飞一起感叹薪资的压力，只会让全部门的同事都跟着郁闷，而这样对解决薪资问题毫无帮助。

在竞争激烈的今天，我们背负较大的生存压力是很正常的，只要处理得好，压力可能就会转化为动力。反之，不仅会使人心烦意乱，还会丧失工作的积极性，使压力变成阻力。如今，减压已成为现代流行词汇中使用频率最高的一个。如果希望自己的工作更加有效率、更加轻松自如，你可以试试用幽默疗法来减压。

自嘲式的幽默是高压人群最常用的解压方法，它不仅能够给别人带来笑声，而且还能让自己沉浸在愉悦之中。

马氏一家人专门从事危险的行业，就是用爆破毁坏建筑物。不难想象，这个行业的压力肯定非常大，心理上也会比较紧张。但是，马氏一家人非常善于用幽默力量来调节情绪，在跟记者聊天的时候，他们就提到一些荒谬的故事。

有一次，在大爆破工作之前，新闻记者问马明怎样处理飞沙和残砾？他一本正经地解释道："我们向一个生产包装袋的公司订制了一个特大的塑料袋，然后直升机在大楼上空把它扔下来。"

记者被马明的幽默语言逗得笑声不断。第二天，马氏兄弟从报纸上看到这篇报道的时候，也愉快地爆发出阵阵笑声。他们就是用这种方式来消除紧张情绪的。

不仅是成年人有各种压力，学生们也常背负着沉重的课业压力，假如处理不好，很有可能会酿成种种跟传媒报道雷同的悲剧。在残酷的竞争面前，学生要想经得起这些压力的考验，有必要动用各种方式进行自我调节。

还有一个月就要高考了，大家都在教室里紧张地复习功课，谁也没有闲工夫去闲谈搞笑。就在这时，教室里突然发出一声"哐当"的巨响，最后一排的小明因座椅坏了而摔倒在地。坐在地上的小明自言自语："唉，难道是学习给它的压力太大了？"

全班同学被他的幽默逗得哄堂大笑。

看看小明的自我调节力有多强，在高考的压力下，大部分学生都苦不堪言，而他却能苦中作乐，更值得称道的是，他的这种幽默不仅调节了自己的情绪，还愉悦了其他同学。小明的幽默真的很值得我们借鉴和学习。

无论压力来自哪一方面，在无法避免的情况下，智者往往能将压力转化为动力，聪明的人通常能将压力化解于无形，而愚笨的人则只能终日饱受压力的困扰。对多数人来说，成为智者并不容易，那我们就努力做一个聪明的人吧！在生活中多多地自我幽默、自我调节，让自己轻松快乐地度过每一天。

幽默心态，摆脱烦恼的困扰

幽默心得 每个人内心都活跃着无数的幽默因子，它们渴望着充满乐趣的生活。往往不经意间，一个笑话使你我的生活发生改变，一个幽默故事就将多日的烦恼化解于无形，引领我们走进一片豁然开朗的新天地。

面对生活中的种种不如意，我们通常不自觉地去反思、自责，于是心理逐渐失衡，或闷闷不乐，或郁郁寡欢，或满腹牢骚，或怒发冲冠。假如我们以这种焦躁的情绪待人处世，自然会将自己的生活弄得一团糟。所谓幽默，它是烦恼的最大克星，改变我们灰暗、消沉的心境，帮助我们重获自信、激情和兴致，回复最初的精神爽朗、心情舒畅。

挫折既然不可避免，我们不妨换一个角度来看待人生的不如意。就像英国著名作家威廉·萨克雷所说的那样："生活是一面镜子，你对它笑，它也会对

你笑；你对它哭，它也会对你哭。"因此，轻装上阵是克服困难挫折的最好方式。幽默的力量在于调节，它能使人领悟到失意或烦恼的真谛，积极创造新的气氛，从而达到心理的平衡。

美国有一个传奇式的教练叫佩迈尔，他带领的迪鲍尔大学篮球队在蝉联39次冠军后，遭到一次空前的惨败。记者们在比赛后蜂拥而至，问他此时感想如何。

佩迈尔微笑着说："好极了，我们现在可以轻装上阵，全力以赴地去争夺冠军，背上再也没有包袱了。"

比赛失利本应是令人极其沮丧的事情，但在乐观积极的人看来，失败仅仅是迈向成功的一级台阶。佩迈尔教练的话语蕴含着豁达的幽默和哲学的智慧。他的哲学修养使他看到事物的另一面，他在冠军的称号中看到了包袱，而在失去冠军的刹那看到了某种从零开始的心理优势。他的幽默不仅能够减轻队员的压力，而且有指导实践的意义。

对一时的比赛失利，我们可以豁达地看待，但是，假如要我们去面对可能影响自己一生的身体残疾，可就需要很大的勇气了。

爱迪生有一次坐火车，结果被人打了一记响亮的耳光；就是这一罪恶的耳光，导致了爱迪生后来的耳聋。但是，这位伟大的科学家对自己的缺陷却不以为意，他以幽默的口吻说："耳聋帮我杜绝了跟外界的无聊谈话，使我能更为专心地工作。"

伤残疼痛在普通人眼中，是那样苦不堪言、沉重不堪。可对有志之士、有识之士来说，乐观面对就能改变生活，因为他们的幽默达观不仅开拓了他们的心胸，还让他们在痛苦中收获欢乐。

医学研究发现，烦恼对人的危害不可小觑，轻则使人精神不振、情绪不佳、浑身无力，重则使人患各种各样的疾病。因此，只要产生烦恼，就应该想方设法去排除烦恼。在排除烦恼的各种方法中，幽默无疑是最有效也最实

第五章 开门八件事，少了幽默不成"家"

用的。

俄国著名作家赫尔岑应邀参加一个晚宴，席间被宴会上轻佻的音乐弄得十分厌烦，但他身为贵宾，如果随意离席不太礼貌。苦恼之余，他干脆用手捂住耳朵。

宴会的主人见此，忙上前解释说："对不起，你不喜欢他们演奏的流行乐曲吗？"赫尔岑反问道："流行的乐曲就都是高尚的吗？"

主人听了甚感诧异："不高尚的东西怎么会流行呢？"赫尔岑笑了："那么，流行性感冒也应归类为高尚吗？"说罢，他起身离开位子，躲到角落里去了。

虽然对轻浮的音乐不胜其烦，但赫尔岑并没有选择直接抗拒的方式，因为那样不仅显得他没有涵养，而且还会使宴会的主人尴尬。于是，聪明的作家选择了幽默的方式，将轻佻的音乐比作流行性感冒，不仅缓解了自己不堪忍受的烦恼，也间接表达了内心的不快。

生活在人群中，谁也免不了去应对复杂的人际关系。时间一久，我们自然会对这种应酬感到厌烦，但却又找不到合适的理由拒绝，所以非常烦恼。

英国诗人罗伯特·勃朗宁有"诗瘾"之称，只要沉浸到创作中，他就什么都顾不得了，而且从不知厌倦。而且，他这个人有一个特点，就是非常憎恶一切无聊的应酬和闲扯。

有一次，他去参加一个社交聚会，一位先生很不知趣地就勃朗宁的作品向他提了一连串问题，勃朗宁既看不出问题的价值，也不知道他到底有何用意。由于对此十分地不耐烦，他决定结束谈话。

于是，勃朗宁很有礼貌地对那人说："请原谅，亲爱的先生，我独占了你那么多时间。"……那位先生先是愣住了，随后笑了笑告辞了。

勃朗宁幽默地终止了那位不知趣先生的无聊问题。假如他换用直接拒绝的方式，很可能会引起他人的不满。勃朗宁含蓄中略带幽默的话语不仅成功地杜

绝了烦恼，而且使自己全身而退，无法不令人称赞。

平日里，有些人经常会吃人情亏，可为了面子和本着不伤和气的原则，不少人都会选择"哑巴吃黄连"，有苦也不说。在这种时候，要是你能够巧妙地运用幽默的语言，就可以轻而易举地帮自己解决烦恼。

江涛从朋友那里买了一个新电表，装好之后才知道电表有问题，转得太快，让江涛不胜烦恼。等他去找朋友时，才发现朋友去新疆出差了，要一周左右才能回来。江涛没有办法，只好等着。等朋友回来后，江涛马上把他带到了家里。

"回来了，新疆远不远？"

"远啊，走好几天呢。"

"怎么去的，花了多少路费？"

"火车呗，花了300多元。"

"嗨！早知道如此费工夫还花这么多钱，我这儿有个快的宝贝让你坐上多好呀！"

"什么宝贝？是你的？"

"是啊，你看你坐火车干吗呀？多受罪。好几天才能走300块钱的，我这个可快多了，一天就走了300块钱的。"

说完江涛便把朋友带到电表前："以后我去哪儿，绝对不用坐火车了。你送来的这个电表跑得快着哩！"

也许很多人都会遇到跟江涛类似的烦恼，但大部分人选择了错误的方式，结果使得问题越来越复杂，不仅不能解决问题，反而使自己更烦恼。看看江涛的幽默，不失为一种最好的方式。

人生中总会出现困难和烦恼。有的人会在窘境中挣扎，会因失意而蹉跎，甚至会被突然而至的暴风雨击倒。有的人借助幽默乐观的心态，以一种有益的方式对待人生中的困难与烦恼，使自己在人生路上轻装前行，最终通过了生活的种种考验。幽默的心态就像一种缓冲机制，使人远离对抗、失望和悲观的情绪；也类似于一种默契形式，使人用宽容、发展的眼光看生活。

第五章 开门八件事，少了幽默不成"家"

无价幽默，减轻病痛的奇药

幽默心得 幽默是一剂神奇的良药，它对人的身心健康大有益处，除了病人不能过于激动外，它不存在任何副作用。西方有一个谚语说："一个小丑进城，胜过一打医生。"就是说幽默能够减轻病痛。

在现实生活中，当你患病、住院或遭受意外伤害时，幽默确实可以帮你减轻痛苦。就算在最简单的情况下，你的幽默也能帮助你化解生病时的烦闷心情。这一点你不妨跟下面这位生病的老大妈学习。通过幽默地诉说，她不仅减轻了自己的痛苦，还宽慰了家人和朋友。

有一位老大妈在雪地上滑了一跤，除了左臂骨折，还有痛入骨髓的肩关节脱臼，疼得她晚上都无法入睡。

然而，老大妈却能够笑着对朋友说："假如你有机会滑跤，宁愿跌断手臂，也要把你的肩膀给护住。"

的确，疾病对人的打击是不容小觑的，但那些有超脱、潇洒的生活态度的人却不会因此而陷入悲观，更不会失去生活的希望和欢乐。因为他们知道一个秘密，那就是幽默与笑声可以帮自己战胜病痛。据美国芝加哥《医学生活周报》报道，美国一些医院已经开始提供"幽默护士"，陪同重病患者看幽默漫画及谈笑，把它作为一个心理治疗的方法。

不幸的约翰先生病了。医生做完全身检查之后，非常悲哀地告诉他："你的健康状况糟透了！您腿里有水，肾里有石，动脉里有石灰……"

约翰接口道："那现在您只要说我脑袋里有沙子，那么我明天就能直接盖

房子了！"

人们很难把幽默和"笑"给彻底分开。"笑"就像幽默的产品，而关于"笑"的功能，外国人说，"快乐的微笑是保持生命健康的唯一秘方，它价值千百万，但却不花一分钱"；中国人说，"笑一笑，十年少"，"笑口常开，百病不来"。我国民间流传着一个故事：

在清朝的时候，有一位八府巡按，他长期患一种精神忧郁症，看了许多医生，都没有见效。

这一天，他因公走水路经过山东台儿庄，忽然犯了病，地方官员立刻推荐一名当地有名的老医生为他诊治。诊脉后，医生说："你患了月经不调症。"巡按一听便大笑不止，直呼"你定是老糊涂了"。

后来，每想起此事，他就要大笑一阵，谁知过了一段时间，他的病竟自己好了。过了几年，巡按又一次路过台儿庄，想起上次看病之事，特意来找老医生，想取笑一番。

见面之后，老医生说："你患的是精神忧郁症，并无良药可治，只有心情愉快，才能尽快恢复健康，我是故意说你身患'月经不调症'，让你常发笑。"

据一份医学研究报告显示，笑口常开可以防治传染病、头痛、高血压及过度的压力，因为幽默的笑声能够增加血中的氧分，并刺激机体的内分泌，对抵抗病菌的侵袭有明显的疗效。而不笑的人，患病几率较高，且发病者以重病居多。

美国作家卡森斯曾在《星期六评论》杂志担任编辑。由于多年的日夜操劳，他患了一种严重的病——结核体系并发症，身体虚弱，行动不便，极其痛苦。尽管多方求医，但收效甚微，不少业内专家都断言为不治之症。

后来，卡森斯听从了一位朋友的建议，在接受必要的药物治疗的基础上，他决定采用一种奇特的幽默疗法。他搬离了毫无生气的医院，住进一家充满欢声笑语的旅馆，常常欣赏一些幽默风趣的喜剧片，跟朋友们进行幽默的对话，听大家讲一些幽默故事，使自己每天都处于一种轻松欢快、无忧无虑的状态，想办法出声笑上几回。

卡森斯发现，一部10分钟的喜剧片可以让他拥有两小时无痛苦的睡眠，令他更为惊喜的是，笑可以减轻发炎，而且这种"疗效"能持续很长时间。与此同时，他还辅以适当的营养疗法。仅仅几个月，奇迹出现了，卡森斯的病症居然消失了。

根据自己战胜病魔的经验，卡森斯开出一张"幽默处方"，并风趣地取名"卡森斯处方"。其中有这样几句话："请认清每个人都有内在的康复功能。充实内在的康复能力。利用笑制造一种气氛，激发自己和周围其他人的积极情绪。发展感受爱、希望和信仰的信心，并培养强烈的生存意志。"

不难看出，这段话的核心是以笑来激发生活的力量、生存的意志、康复的能力，进而增强自身精力，战胜病痛。现在我们也常说，笑可以促进消化。所罗门王有一句名言："心中常有喜乐，恰如身体常保健康。"无数事实告诉我们，幽默有助于健康长寿。

琐碎生活，处处都是幽默

幽默心得 幽默能使我们感到轻松愉快，而轻松愉快有助于提高人的大脑及整个神经系统的张力和充分发挥个人潜力。当处于这种精神状态下，再琐碎烦杂的生活都会变得充满情趣、丰富多彩。

每一天，我们都重复着工作、睡觉、吃饭等一成不变的事情，生活是那么地琐碎无趣，品味起来如同一杯搁置了数天的白开水，让人难以下咽。而生活压力、工作压力却有增无减，家庭生活中锅碗瓢盆等琐事更是没有穷尽，要面对如此平淡的生活，我们最需要的就是承受这一切的勇气。

而幽默，可以提高我们驾驭这种生活的能力，因为幽默往往等同于坚毅、冷

静、智慧、能力。只要我们积极地在琐碎中寻找幽默，自然就能够找到生活的乐趣。

一次，萧伯纳正在街上行走，被一个骑单车的冒失鬼给撞倒在地上，幸好没有什么大碍。肇事者急忙扶起萧伯纳，并连声道歉。萧伯纳看了看肇事者，拍拍屁股诙谐地说："你的运气真不好，先生。假如你把我萧伯纳撞死了，就可以名扬四海了。"

见萧伯纳被撞还如此幽默，肇事者放松地笑了起来。

对一般人来说，好端端走路却被人撞倒在地，肯定觉得非常生气、非常扫兴。但是，萧伯纳不仅没有发怒，反倒幽默地帮助对方解围，使这起撞人事故有了更好的解决办法。萧伯纳这种积极乐观的态度，便是创造这种幽默的直接动力。

尽管生活处处可幽默，但萧伯纳在这种时刻仍能风趣地为对方化解尴尬，这种修养不是谁都能够企及的。其实，这样的幽默并不会让自己吃亏，如果一个人能够保持正确的生活态度，凡事都从积极角度去思考，那他在遇到困难时往往可以轻松地化险为夷。

在一次聚会上，卓别林跟侍者要了一把苍蝇拍，追打一只在他头上飞的苍蝇，可拍打了好几下都没有打中。不一会儿，一只苍蝇在他面前停下了，卓别林举起了苍蝇拍，正准备给它致命的一击，忽然，停住了动作。

"为什么忽然停手了？"周围人问。

卓别林耸了耸肩膀说："它不是刚才缠着我的那一只。"

卓别林常被邀请参加一些宴会，尽管他对此并没有多大兴趣，但无奈之下只好硬着头皮应付。而应付对所有人来说都是一种煎熬，于是卓别林有了主意，自己拿自己逗趣，进行了一段十分出彩的临场表演。从消灭苍蝇的角度来说，无论它有没有叮扰过你，你都应该把它消灭掉。可是，卓别林却故意做出愚蠢的事情，对不同的苍蝇区别对待。这种愚蠢的行为制造出极强的喜剧感，使聚会现场的气氛变得风趣无比。

生活中，我们也免不了要跟卓别林一样参加些无聊的聚会，与其痛苦地坐在一边煎熬，还不如给自己找点儿乐子，顺便也能娱乐一下大家。

有一年，在白宫的记者年度晚宴上，布什总统正在讲一个在座大部分人都知道的老笑话。突然，第一夫人劳拉打断了总统的讲话："乔治，这么多年来，我不知参加了多少次这样的晚宴，总是安静地坐在一边。今天你先坐在一边，让我来说几样事情。"

接下来，劳拉拿她丈夫，也就是总统开起玩笑，讲了一连串的笑话。劳拉谈起来自富贵人家的布什如何适应得克萨斯的农牧生活，她说："乔治真让我自豪。到现在，他终于学会了很多牧场上的活儿，想当初，他试着从马那里挤奶，更糟糕的是，那还是匹公马。"

与会记者全部哄堂大笑，就连布什总统也乐得合不上嘴。

在常人看来，在记者年度晚宴这种严肃场合不应该开玩笑，应该一板一眼地按照进度进行。可是，类似的晚宴每年都会举行一次，而且都是大同小异，连布什总统自己也觉得无聊，就连笑话都是人们都知道的老笑话。而劳拉幽默风趣的表达，使晚宴的气氛马上热络起来，更让大家认识了一个愚笨得有些可爱的美国总统。劳拉的这段小幽默，在美国上下都引起了积极的反响，因为她让国民知道，第一家庭也是实实在在的人，他们的生活也同样琐碎而生动。

那些每天都生活得刻板无趣的人，经常会给自己找一些自我安慰的借口："生活本来就很无趣，怎能要求我成为一个幽默有趣的人呢？"这不过是借口罢了，因为生活是否无趣、是否琐碎都由我们自己决定，如果能够见缝插针地运用幽默，生活自然会变得有趣起来。

内心有笑意，幽默感就不会远离

幽默心得 一个笑口常开、笑语不断的人，通常也是一个心胸坦荡、积极乐观

的人，因为他们的心在笑，所以他们永远都能保持一种积极乐观的生活态度。只要内心深处有笑意，幽默感便会悄然而生。

常听人这样问自己："为什么他言语风趣幽默，而我就不行呢？"假如你还在为自己不善幽默而烦恼，那就仔细地审视一下自己的内心吧。一个消极悲观的人，是永远无法笑起来的；一个充满狐疑的人，在言谈中也难以透出暖融融的春意；一个整天心情抑郁的人，话里肯定有解不开的心结。幽默不仅反映出一个人对待生活的豁达态度，还能展示出他对自身力量的绝对自信。

反观那些积极乐观的人，不管遇到什么事情，他们都会幽默地面对。这类人为人宽容，不会斤斤计较，懂得与人为善，就算被别人伤害了，他们也不会针锋相对，反而能从中发现幽默的元素，让自己的生活更丰富多彩。

1952年，美国总统尼克松前往苏联访问。在跟苏联领导人进行会晤后，尼克松又按原定计划访问苏联其他城市，苏共总书记勃列日涅夫亲自到莫斯科机场为他送行。

不巧的是，总统专机在起飞前突然出现故障，机场地勤人员立刻进行紧急检修。

勃列日涅夫站在远处看着，眉头越皱越紧。为了掩饰当下的窘境，他故作轻松地说："总统先生，真对不起，耽误了你的时间！"一面说着，一面指着飞机场上忙碌的人群问："你看，我应该如何处分他们？"

尼克松笑呵呵地说："他们应该得到提升！如果不是他们在起飞前发现故障，而是等到飞机升空才知道，那该多么可怕啊！"

飞机在起飞前最后一刻出现故障，这确实会让人感到烦躁、不满。然而，尼克松总统却能够从另外一个角度看问题，运用幽默的言辞乐观对待，将一件坏事变成了好事。

尼克松总统的幽默感跟他的健康心态有着直接的关系，因为一个锱铢必较、悲观消极的人不可能从正面看问题，只有在积极乐观的情况下，一个人才会有从坏事情中发现积极一面的能力。

第五章 开门八件事，少了幽默不成"家"

一天夜里，有个小偷进入了巴尔扎克的房间，并在他写字台的抽屉里翻找值钱的东西。这小偷有点儿不太专业，翻弄的声音太大，竟然把睡梦中的巴尔扎克给吵醒了。

"哈哈哈哈……"巴尔扎克躺在床上大笑起来。

小偷惊慌失措地问："你笑什么？"

又笑了一会儿，巴尔扎克才回答说："我的好伙计，在我白天都找不出一枚硬币的抽屉里，你居然打算在黑夜从里面找出钱来！"

巴尔扎克一生多有坎坷，年轻时就已经债台高筑，经常因一点面包、蜡烛和纸张而烦恼。他一生的创作都在痛苦和贫困中度过，而且几乎得不到任何人的理解。他说："债主迫害我像迫害兔子一样，我常像兔子一样四处奔跑。"然而，就算在这样艰难的生活条件下，巴尔扎克仍然保持着一颗积极向上的心，让自己笑对生活和人生。在他的作品中，虽然可以看到最辛辣的讽刺，但也能看到他的讽刺都包裹着一层幽默的外衣，使读者在欢笑之余领悟真谛。

幽默，是一个让我们摆脱外界事物，从内心里快乐起来的重要法宝。诚然，这种乐观的心态很难一直维持下去，但只要你愿意尝试，从点点滴滴做起，就能让自己变得越来越乐观。比如，你花了10元钱买了张彩票，结果中了200万。就在你欣喜若狂、为之激动不已的时候，却发现老妈把那张中奖的彩票当成垃圾给丢了。这时，你不妨自我安慰一番："不过损失了10元钱而已，有什么好难过的？"

当然，损失200万对任何人来说都很痛苦，但损失已经不可能挽回，又何苦再赔上自己的情绪呢？还不如让自己积极乐观些，使事情朝着积极健康的方面发展。这样的人，不管一生际遇如何，都必定会跟快乐为伍。而且，一旦你拥有了这种幽默感，幽默就会与你形影不离，会伴随你一生，让你成为一个幽默的、开朗的、讨人喜欢的人。

在两个人的面前，各放着一片面包。第一个人看了以后，高兴地说："我还有一片面包呢。"

第二个人看了后，苦着脸说："我只有一片面包了。"

对待同样的一片面包，两个人的态度却截然相反，这就是心态所起的作用。积极乐观的人，在那一片面包中得到的是满足，看到的是希望；而消极悲观的人，得到的是不满，看到的是绝望。这正好印证了"境由心造"这句话，一个人能否获得轻松、愉快、幸福，并不是取决于他拥有了什么、得到了什么，而在于他的内心是否有笑意。

幽默人生，寻回快乐的自己

幽默心·得 幽默的机智反应并不是只包含能言善辩，它还包含了快乐、成熟的生活态度。掌握了它，就等于掌握了智慧结晶，寻获了快乐之源。

幽默将一种亲切、轻松和平等的感觉传递给别人，它可以使各种忧虑统统在笑声中消失，装腔作势、尖酸刻薄都是幽默的手下败将。为了使生活经常保持着朝气，我们要不断地注入兴奋剂，用幽默来滋润生活。

有这样一则幽默小故事：

某一天，爱因斯坦在纽约的街头偶遇一位老朋友。

老朋友对他说："爱因斯坦先生，你好像有必要添制一件新大衣了。瞧，你身上穿得多么旧呀！"

爱因斯坦回答说："这有什么关系？在纽约谁都不认识我。"

数年后，他们又一次相遇。这时，爱因斯坦已成为一位鼎鼎大名的物理学家，可他仍然穿着那件旧大衣。他的朋友出于关心，于是就不厌其烦地建议他去买一件新大衣。

"何必呢！"他说道，"现在，这里的所有人都认识我了。"

无论在成名之前或成名之后，爱因斯坦先生都过着非常俭朴的生活，而且